Melanie Stadelbauer

Von Gott berufen!
Und jetzt?

Impressum:
Autor: Melanie Stadelbauer
Layout: MS-Design 2020
Coverdesign: MS-Design 2020
Coverbild: https://de.depositphotos.com/
Lektorat: Marta Medvedec www.martas-schreibatelier.de
ISBN Paperback: 978-3-7497-9555-0
ISBN E-Book: 978-3-7497-9557-4

Verlag und Druck: tredition GmbH, Halenreie 40-44
22359 Hamburg

Inhalt

Einleitung

Schön, dass du dich für dieses Buch entschieden hast. Denn das bedeutet, dass du etwas in deinem Leben ändern möchtest. Du willst vorankommen • endlich in deine Berufung eintreten.

Irgendetwas ist da jedoch, was dich davon abhält. Sind es Selbstzweifel? Die Angst vor dem Scheitern? Oder bist du der gleichen Meinung wie Mose, dass dir ohnehin niemand Glauben schenken wird?

Was auch immer es ist: Ziel dieses Kurses ist, dass DU den Schritt schaffst, in DEINE Berufung einzutreten.

In diesem Kurs wollen wir uns verschiedene Themenbereiche anschauen, die für viele Menschen ein Grund dafür sind, stehenzubleiben.

Ganz praktisch möchte ich dir aufzeigen, warum Gott sich ganz bewusst für Menschen wie Abraham, Mose oder David entschieden hatte. Mein Wunsch ist, dass du erkennst, dass es keinen Sinn macht, vor Gottes Berufung davonzulaufen. So wie Jona es versucht hat. Oder dass du verstehst, warum Gott als Mutter der messianischen Linie ausgerechnet Rut ausgewählt hat. Eine Frau, die in einer ihr fremden Kultur einen ihr fremden Glauben angenommen hat.

Ich wünsche dir, dass du während der nächsten 10 Wochen herausfindest, was dich davon abhält, deine Berufung anzunehmen und endlich den Weg gehst, den Gott für dich vorgesehen hat.

In den nächsten Wochen schauen wir uns folgende „Ausreden" an:

- **„Ich bin viel zu alt,** um in meine Berufung zu treten!"

- **„Ich kann nicht richtig reden.** Ich bekomme kein Wort heraus, wenn ich vor anderen Menschen sprechen soll!"

- **„Ich bin eine Fremde** und noch ganz jung im Glauben. Ich muss doch selbst erst einmal sehr viel lernen!"

- **„Ich habe schwer gesündigt** und bin deshalb nicht für das Reich Gottes geeignet!"

- **„Ich bin viel zu jung** und habe kaum Lebenserfahrung. Wem soll ich schon etwas beibringen?"

- **„Ich bin ein Feigling** und laufe lieber weg, als anderen zu sagen, was Gott möchte!"

- **„Ich habe Christen verfolgt** und habe mich gegen alles gestellt, was mit Gott zu tun hatte!"

- **„Ich komme aus einfachen Verhältnissen.** Was habe ich denn schon zu bieten?"

Ist dir in dieser Auflistung etwas aufgefallen? Die Themen, um die es in den Ausreden geht, finden wir bei verschiedenen großen Personen aus der Bibel.

- **Abraham** war bereits 78 Jahre alt, als Gott zu ihm sagte, dass er Haran verlassen und nach Kanaan gehen soll. Als er die Zusicherung bekam, dass seine Frau Sara ein Kind gebären wird, waren Abraham und Sara also bereits sehr alt. Mit Isaak wird die Verheißung Gottes erfüllt.

- **Mose** war fest davon überzeugt, dass er nicht geeignet ist, weil er einen „schweren Mund" hatte. Und doch führte er Israel aus der Gefangenschaft in Ägypten hinaus in die Freiheit.

- **Rut** kam als Fremde mit ihrer Schwiegermutter in ein neues Land. Alles war neu: Die Menschen, die Kultur, der Glaube. Trotzdem beginnt mit ihr die Segenslinie.

- **David** brach mit Batseba die Ehe und ließ ihren Mann ermorden, um freie Bahn zu haben. Er war einer der besten Könige, die Israel jemals hatte und trotz dieses schwerwiegenden Fehlers ein „Mann nach dem Herzen Gottes".

- **Salomo** war erst 20 Jahre alt, als er zum König gesalbt wurde. Er hatte kaum Lebenserfahrung und ihm fehlte es an Weisheit. Durch seine Bitte, Gott möge ihn mit Weisheit ausstatten, bekam er von Gott alles, was Salomo benötigte, um sein Königreich im Sinne Gottes zu regieren.

- **Jona** war ein Feigling und lief weg, statt auf direktem Weg loszuziehen, um seinen Auftrag auszuführen. Erst beim weiten Anlauf, nach einer ordentlichen Lektion, hörte er auf Gott.

- **Paulus** hat Christen verfolgt und sie in Gefängnisse gesteckt. Nach seiner Begegnung mit Gott predigte er das Wort Gottes und wurde vielen Menschen zum Segen.

- **Jesus** ist als kleines Baby in ärmlichen Verhältnissen in einem schmutzigen Stall zur Welt gekommen, um uns zu erlösen.

Anhand dieser Auflistung siehst du schon, mit welchen Themen und Personen wir uns in den nächsten Wochen beschäftigen werden.

Bei welcher dieser Ausreden ordnest du dich denn ein?
Ich war lange Zeit ein guter Mix aus allem und kann mir gut vorstellen, dass es dir ähnlich geht.

Deshalb ist deine Aufgabe für dieses Kapitel folgende:

1.   Schnapp dir ein Notizbuch.

Nimm dir aber bitte eines zur Hand, welches noch unbenutzt ist. Dieses Notizbuch wird dein Begleiter.
Nicht nur während du dieses Buch durcharbeitest, sondern noch eine ganze Zeit darüber hinaus.
Lass zwischen den einzelnen Lektionen immer noch ein paar Seiten frei, damit du die Möglichkeit hast, zu jeder Zeit deine Gedanken dazu aufzuschreiben.

2.   Das Thema dieser Woche ist: Meine Berufung!

Nimm dir bitte die Zeit und Ruhe, dir Gedanken über deine Berufung zu machen. Wenn du schon ein klares Bild von deiner Berufung hast, dann schreibe oder zeichne dieses Bild auf. Je nachdem, was dir leichter fällt. Bist du eher der Zeichner, dann mach dir aber auf jeden Fall auch in Stichpunkten Notizen. Je detaillierter du dir hier deine Gedanken aufschreibst, desto besser kannst du damit in den nächsten Wochen arbeiten.

3.   Gebet und Bitte um Klarheit

Hast du noch kein klares Bild von deiner Berufung, wird es Zeit, darüber ins Gebet zu gehen und dir von Gott aufzeigen zu lassen, wo er dich haben möchte. Wofür schlägt dein Herz? Eher für Kinder, Jugendliche, Männer, Frauen oder die Senioren? Fühlst du dich bei dem Gedanken wohl zu predigen oder bist du der Missionar, der sich nicht traut?

4.   Deine Ausrede

Schau dir noch einmal die Ausreden weiter oben an. In welchen Ausreden findest du dich wieder? Was hält dich davon ab, den ersten

Schritt zu machen? Und hey, schieb die Schuld nicht auf andere oder irgendwelche Umstände! Hier geht es um DICH. Wenn dich andere davon abhalten, deinen Weg zu gehen, dann solltest du dir überlegen, warum sie das schaffen? Es sind niemals die Umstände oder andere Menschen, die verhindern, dass wir in unsere Berufung kommen. Der Grund liegt bei dir selbst. Umstände oder andere Menschen sind maximal die Auslöser, niemals aber der Grund! Merk dir das bitte.

Wenn du möchtest, dass dich dieser Kurs wirklich weiterbringt, dann ist es unumgänglich, dass du ehrlich zu dir selbst bist. Nimm dir Zeit, leg zwischendurch das Notizbuch weg und hol es an einem anderen Tag wieder heraus. Schreibe dir jede Kleinigkeit auf, die dir zu den Fragen oder Aufgaben einfällt. Auch, wenn sie dir noch so banal erscheinen. Häufig sind es gerade diese Banalitäten, in denen das Geheimnis des Erfolgs versteckt ist.

In den nächsten acht Wochen gehen wir auf die einzelnen Personen ein, die ich bereits genannt habe. Und am letzten Sonntag schauen wir uns noch einmal dein Leben und deine Berufung an.

Jetzt wünsche ich dir erst einmal Gottes Segen für die nächsten Wochen und viel Freude auf deiner Reise zum ersten Schritt in deine Berufung.
Oder bist du vielleicht schon mitten auf dem Weg und weißt es nur noch nicht?

Notizen

Ausrede I: Ich bin viel zu alt – Abraham

Steckbrief
Ursprünglicher Name: Abram
Geburtsort: Ur
Gelebt: ca. 2100 v. Chr., nach Schultz ist die Datierung für den Beginn der Wanderung auf ca. 2091 v. Chr. datierbar.
Ehefrauen: Sara, Hagar, (weitere Frauen und Kinder bleiben hier unerwähnt, da sie für dieses Studium nicht relevant sind)
Kinder: Ismael, Isaak,
Größe der gesamten Sippe: ca. 2.000 Menschen

Wer war Abraham?
Abraham war ein sehr gottesfürchtiger Mann, der von Gott reich beschenkt wurde. Abraham war sowohl Stammesvater einer sehr großen Sippe als auch materiell mit großem Reichtum gesegnet.
Abraham hieß ursprünglich Abram, was so viel bedeutet wie „Erhabener Vater". Gott selbst hat den Namen in Abraham geändert und somit den klaren Hinweis auf die Verheißung bereits im Namen Abrahams hervorgehoben. Abraham bedeutet „Vater einer Menge, oder großen Nation".
Obwohl Abraham ein gottesfürchtiger Mensch war, war er durchaus eigensinnig und störrisch.

- **Abraham zieht nicht sofort los**

Als Abraham von Gott dazu aufgefordert wurde nach Kanaan zu ziehen, lebte er mit seiner Familie noch in Ur (Chaldäa). Doch anstatt auf direktem Weg nach Kanaan zu ziehen, machte er zusammen mit seiner Familie in Haran (Mesopotamien) Halt. Dort blieb er so lange, bis sein Vater gestorben war. Erst danach zog Abraham weiter. Als sich Abraham mit seiner Familie auf den Weg nach Kanaan machte, war er bereits 75 Jahre alt.

- ## Seine Angst steht im Vordergrund

In Ägypten angekommen, vertraute er lieber auf seine Angst, als auf Gottes Führung und gab seine Frau Sara als seine Schwester aus. Ein schwerwiegender Fehler, der von Gott jedoch dazu genutzt wurde, um Abraham zu einem noch größerem Reichtum und Ansehen zu verhelfen. So hat der Pharao von Ägypten Abraham mit vielen Geschenken, darunter Gold und viele Sklaven, weggeschickt. Hauptsache fort. Warum? Weil sich der Pharao, ohne es zu wissen, an Abraham versündigt hatte, als er dessen Frau in seinem Harem aufnahm. Doch Gott hatte mit Sara Pläne und so plagte er den Pharao, damit dieser seinen Fehler erkannte und Sara zurückgab.

Bis Abraham in Kanaan angekommen war, hatte er seinen eigenen Dickschädel bereits mehrfach deutlich gezeigt. Und auch in Kanaan entschied er sich noch einmal ganz klar dafür, die Erfüllung der Verheißung Gottes in die eigene Hand zu nehmen:

- ## Abraham heiratet Hagar und zeugt einen Sohn mit ihr

Da Sara dieses enorme Vertrauen in Gott nicht hatte und bereits sehr alt war, als Abraham die Verheißung bekam, gab sie Abraham ihre Magd Hagar zur Frau. Zu Abrahams Zeiten war es durchaus üblich, dass eine Magd vom „Big Boss" der Familie geschwängert wurde, damit die Linie erhalten blieb. Dieses Kind wurde jedoch nicht als das Kind der Magd angesehen, sondern als Kind der Hauptfrau des Familienoberhauptes. Als Sara die Entscheidung traf, dass Hagar den Sohn gebären sollte, den Gott ihr (Sara) zugesagt hatte, waren ihre Gedanken dabei also durchaus sehr egoistisch. Doch da es nichts Ungewöhnliches war, akzeptierte Abraham diese Entscheidung und spielte das Spielchen mit. Wie Gott das sah, ist dann wieder eine andere Sache. Denn der war davon sicher alles andere als begeistert.

Eigentlich könnte man jetzt meinen, dass sich der Ruf Gottes irgendwann erledigen und Gott sich jemand anderen für seine Pläne aussuchen würde.

Denn wer braucht schon einen eigensinnigen alten Mann als Vater einer Nation, die erst noch entstehen sollte? Einen Mann, der seine Frau verleugnete und als Schwester ausgab (Sara war zwar Abrahams Halbschwester, da er seine Ehe mit ihr jedoch verheimlicht hatte, war es dennoch eine Lüge) und die Erfüllung einer Verheißung ungeduldig selbst in die Hand nahm.

Genau aus diesem Grund eignet sich Abraham so gut als erste Person für diesen Kurs.

Denn auch, wenn Abraham durch seine sicher eigenwillige Art nicht immer ganz geradlinig den Weg gegangen ist, den Gott für ihn vorgesehen hatte, ist Abraham für uns ein sehr großes Vorbild. Nur, warum?

Stichwort: Vertrauen und Gehorsam!
Abraham hatte ein unbeschreiblich großes Vertrauen und er war gehorsam, wenn es um Gottes Pläne für sein Leben ging. Er hat zwar einige Male gezweifelt und ist dann vom direkten Weg abgebogen, er hat aber auch immer wieder zurückgefunden und war danach stärker, als zuvor:

1.   Er lässt alles stehen und liegen, um Gottes Ruf zu folgen!

Abraham sollte mitsamt seiner gesamten Sippe von rund 2.000 Menschen und Unmengen an Tieren das Land verlassen, in dem er groß geworden war. Er sollte alles hinter sich lassen und etwas Neues beginnen.

Da gehört eine ordentliche Portion Vertrauen dazu. Denn schließlich hätte das auch ziemlich in die Hose gehen können. Abraham sollte ja nicht nur mal schnell in den Nachbarort ziehen. Kanaan lag eine sehr lange Reise von Ur entfernt. Unterwegs lauerten alle möglichen Gefahren. Und einmal kam es auch zu einem Kampf, bei dem sein Neffe Lot verschleppt wurde. Trotzdem hielt Abraham an seinem Auftrag, nach Kanaan zu ziehen, fest.

2. Der Friede innerhalb seiner Familie steht für Abraham über seinem Reichtum!

Abraham überließ das bessere Stück Land seinem Neffen Lot. Warum? Weil er das Vertrauen in Gottes Verheißung hatte und somit die Sicherheit, dass ihm dieser Schritt nicht zum Nachteil werden würde. Abraham war sehr daran gelegen, sich mit Lot nicht im Streit zu trennen. Er war ein versöhnlicher Mensch, dem sehr viel am Frieden zwischen den Menschen lag. Dieser Charakterzug ist allerdings nicht immer hilfreich: Als Sara sich bei Lot beschwerte, dass Hagar ihrer Herrin gegenüber überheblich wurde, hielt Abraham sich raus und überließ die Entscheidung, was mit Hagar passieren sollte, Sara. Wahrscheinlich wollte er sich nicht mit Sara zerstreiten und hielt sich deshalb zurück.

3. Er kennt Gottes Stimme und weiß, wer Gott ist!

Abraham kannte Gott so gut, dass er ihn erkannt hat, als dieser mit ihm sprach oder ihn besuchte. Gottes Stimme zu kennen ist eine Grundvoraussetzung dafür, dass wir unseren Ruf, unsere Berufung, erkennen können. Abraham wusste, wen er vor sich hatte, als Gott da bei ihm im Zelt saß und ihm erklärt hat, dass Sara schwanger werden und einen Sohn gebären wird. Deshalb war er auch in der Lage, darauf zu vertrauen, dass er tatsächlich Vater einer großen Nation werden wird.

4. Abraham ist bereit jedes Opfer zu bringen, welches Gott von ihm fordert!

Als Gott Abraham aufforderte, seinen eigenen Sohn, Isaak, zu opfern, zögerte Abraham nicht. Er ging mit seinem Sohn auf den Berg und vertraute auf Gott, dass dieser weiß, wozu er von Abraham solch einen schweren Schritt forderte. Als Belohnung für sein Vertrauen schickte Gott einen Widder vorbei, den Abraham anstelle seines Sohnes opfern konnte.

Was Gott mit dieser Prüfung bezweckt hat, liegt auf der Hand: Er wollte noch einmal sichergehen, dass Abraham absolutes Vertrauen in Gottes Anweisungen hatte und ohne zu zögern tun würde, was Gott von ihm verlangte.

Jeder einzelne dieser vier Punkte war ein absoluter Vertrauensbeweis. Und Gott belohnte eben genau dieses Vertrauen.

Gott sucht sich für seine Pläne nicht die perfekten Menschen aus. Perfektionismus ist etwas, was wir Menschen von uns selbst erwarten.

Am Beispiel Abrahams sehen wir, dass Gott sich für die Umsetzung seiner Pläne die Menschen aussucht, deren unvoreingenommenes Vertrauen er sich sicher ist. Menschen, die Gottes Pläne nicht lange hinterfragen, sondern bereit sind, loszuziehen und Gott damit absolut gehorsam sind.

Jetzt bist du an der Reihe

Ja, du hast schon richtig gelesen. Jetzt geht es um dich.

Im vorherigen Kapitel hast du dir notiert, welche Ziele du für dein Leben gesetzt hast. Ziele in Bezug auf deine Berufung. Vielleicht hast du ja schon ein ganz klares Bild davon, wo Gott dich haben will. Vielleicht nur eine vage Vorstellung dessen, wo dich der Weg einmal hinführen könnte.

Unabhängig davon, wo du gerade stehst, ist es wichtig, dass du daran arbeitest, dein Vertrauen auf Gott zu festigen.
Von Abraham kannst du sehr viel lernen, was du für ein gefestigtes Vertrauen brauchst:

- **Trau dir mehr zu! Gott tut es auch.**

Gott traut dir mehr zu, als du dir jemals für dein Leben vorstellen kannst!

- **Den Versuchungen trotzen**

Wenn du den Weg Gottes gehst, wirst du immer wieder erleben, wie der Feind dich versuchen wird. Du wirst in Situationen kommen, in denen dein Vertrauen erschüttert wird und du dich bewusst dafür entscheiden musst, an deiner Berufung festzuhalten und weiterzugehen.

- **Die Belohnungen sind größer**

Die Belohnung dafür, dass du an Gottes Wegen für dein Leben festhältst, wird unschätzbar wertvoll und groß sein und dich und deine Nachkommen segnen.

21

Jetzt bist du dran! Auf den nächsten Seiten hast du wieder die Möglichkeit, deine Gedanken aufzuschreiben. Nutze diese Chance und überlege dir, wie es um dein Vertrauen zu Gott steht.

Folgende Fragen solltest du dir beantworten:

- Höre ich auf Gottes Wort oder setze ich den Zeitpunkt, wann ich losziehe, selbst fest?

- Ist mein Vertrauen auf Gott stark genug, dass mich nichts und niemand von meinem Weg abbringen kann?

- Welche Strategie nutze ich, um Zweifel von mir zu weisen und Gott in den Mittelpunkt zu stellen?

- Wie gehe ich mit Versuchungen um? Was kann mir dabei helfen, Versuchungen zu widerstehen?

Wenn du mehr über Abraham wissen möchtest und tiefer in sein Leben einsteigen willst, dann empfehle ich dir, die Kapitel in der Bibel, in denen Abrahams Geschichte erzählt wird, einmal vollständig zu lesen. Du findest sie in 1. Mose 12 – 25.

Notizen

Ausrede II: Ich kann nicht richtig reden – Mose

Steckbrief
Name: Mose
Geburtsort: Goschen
Geboren: ca. 1500 v.Chr. bis ca. 1350 v.Chr.
Ehefrau: Zippora
Kinder: Gerschom, Elieser
Geschwister: Aaron, Mirjam
Größe des gesamten Volkes Israel bei Auszug aus Ägypten:
ca. 200.000 Personen

Wer war Mose?

Mose wurde in einer Zeit geboren, in der die Söhne israelischer Frauen von den Ägyptern ertränkt wurden. Diese Anordnung des Pharaos sollte verhindern, dass die Israeliten weiter wachsen konnten und sich gegebenenfalls eines Tages gegen die Ägypter auflehnen würden. Seine Mutter rettete ihm jedoch das Leben, indem sie ihn in einem Weidenkörbchen in den Nil gesetzt hat.

Dort aufgefunden von der ägyptischen Prinzessin blieb Mose am Leben und zog nach der Entwöhnung von der Brust seiner Mutter auf den Hof des Pharaos.

Moses Leben am Hof des Pharaos

Mose hatte ein wahrlich königliches Leben. Er wuchs am Hof des Pharaos auf und genoss eine Erziehung und Schulbildung wie sie sonst nur Königskindern zuteil wurde. Er lebte im bedeutendsten Zivilisationszentrum der Welt (Quelle: Schulz). Auf diesem Weg hat Gott schon früh in Moses Leben dafür gesorgt, dass Mose auf seinen Auftrag, das Volk Israel aus der Knechtschaft herauszuführen, vorbereitet wurde. Er kannte die Gepflogenheiten des ägyptischen Hofes und wusste, wie er mit den Menschen dort umgehen musste.

Mose wird als Führer ausgebildet

Mose war trotz seiner Erziehung bewusst, zu welchem Volk er gehörte. Als er mit 40 Jahren versuchte, seinem Volk zu helfen, erschlug er in seiner Wut einen Ägypter. Aus Angst vor der Rache des Pharaos floh Mose in das Land Midian und blieb dort die nächsten 40 Jahre. Midian liegt in der Nähe von Horeb und dem Berg Sinai. Der Berg, an dem das Volk Israel bei seiner 40·jährigen Wanderung durch die Wüste für ein Jahr pausierte. Hier kannte Mose sich aus und war durch den Hirtendienst bei seinem Schwiegervater mit der Gegend sehr gut vertraut. Die ideale Vorbereitung also, um das Volk Israel durch diesen Teil der Wüste Sinai zu führen.

Moses Berufung

Nachdem du jetzt einiges über den Hintergrund Moses weißt, machen wir nun einen Sprung direkt zu dem Tag, an dem Gott in Erscheinung tritt. Sicher kennst du die Geschichte des brennenden Dornbusches. Und jetzt stell dir mal vor, das wäre dir passiert:

Du gehst gedankenverloren durch die Wüste, weidest deine Schafe und plötzlich fängt vor dir ein Busch an zu brennen und eine Stimme sagt deinen Namen. Irgendwie abstrakt, oder?
In unserer Zeit kennen wir das so nicht. Gott spricht nicht mehr auf diese Art zu uns. In Zeiten des Alten Testaments war das die gängige Praxis. Da hat Gott sich solche Späße öfter erlaubt. Ich kann mir gut vorstellen, dass Mose erst einmal ziemlich erschrocken ist und sich umgeschaut hat. Irgendwo musste diese Stimme ja herkommen.
Als er dann realisiert hat, dass Gott aus dem Feuer zu ihm spricht, zieht er die Schuhe aus und hört zu, was Gott ihm zu sagen hat.

Moses Ausreden und was Gott davon hält

Du weißt jetzt, dass Mose schon so einiges hinter sich hatte, als Gott ihn berufen hat.

Noch einmal kurz zusammengefasst:

- Er wurde im Nil ausgesetzt, um nicht getötet zu werden.

- Er wuchs am Hof des Pharao auf und war der königlichen Etikette unterworfen.

- Er war ein Mörder und musste sich vor der Rache des Pharao verstecken.

- Er floh in die Wüste und lebte dort 40 Jahre lang als Schafhirte.

Und obwohl Gott den Hintergrund aus Moses Leben kannte, war es Mose, den er für diese verantwortungsvolle Aufgabe ausgesucht hat. Seine Ausreden waren relativ simpel und doch so ähnlich der Ausreden, die wir auch täglich von uns geben, wenn wir etwas nicht tun wollen:

- Mose sagte zu Gott: „Wer bin ich, dass ich zum Pharao gehe und dass ich die Kinder Israels aus Ägypten führe?" (2. Mose 3,10)

- Mose war davon überzeugt, dass ihm sowieso niemand Glauben schenken wird.

- Mose war außerdem davon überzeugt, dass er nicht für das Reden gemacht war. Er bezeichnete seinen Mund und seine Zunge als „schwerfällig".

Aus diesen Ausreden kann man schließen, dass Mose vermutlich ein ziemlich geringes Selbstbewusstsein hatte und seinen eigenen Wert nicht erkannt hat. Er war halt der „kleine" Schafhirte von nebenan, der gerade gut genug dafür war, die Schafe seines Schwiegervaters zu hüten. Er war ein Mörder, der aus Ägypten fliehen musste, um der Rache des Pharaos zu entgehen.

Und dann kommt Gott und erklärt ihm, dass er einen Plan mit ihm hat. Auf Moses Ausreden reagiert Gott erst einmal ziemlich sauer. Denn Mose sagte doch glatt zu ihm: „Sende doch, wen du senden willst!" (2. Mose 4,13). Zwischen den Zeilen kann man sich durchaus vorstellen, wie Mose zumute war. „Herr, du kannst schicken, wen du willst. Aber bitte, bitte nicht mich. Ich kann das nicht. Ich bin doch nur ein kleiner Schafhirte. Mich wird niemand ernst nehmen und reden kann ich doch auch nicht."
Gottes Antwort darauf war klar und deutlich. Ab Vers 14 antwortet Gott: „Weiß ich denn nicht, dass dein Bruder Aaron, der Levit, wohl reden kann? Und siehe, er kommt sogar heraus, dir entgegen und wenn er dich sieht, so wird er sich von Herzen freuen. Du sollst mit ihm reden und die Worte in seinen Mund legen; so will ich mit deinem Munde und mit seinem Munde sein und euch lehren, was ihr tun sollt. Und er soll für dich zum Volke reden und soll dein Mund sein und du sollst für ihn an Gottes Statt sein. Und nimm diesen Stab in deine Hand, damit du die Zeichen tun sollst!"

Gott war echt gerissen. Mose hat versucht, sich regelrecht aus seiner Berufung herauszuwinden und Gott hebelt Moses Ausreden kurzerhand aus.
Die Menschen, vor denen er geflohen war, lebten nicht mehr und reden musste er auch nicht selbst. Das sollte Aaron für ihn tun.
Moses Bruder war ebenfalls bereits darauf vorbereitet, denn er war schon unterwegs, um Mose entgegenzugehen.

Mose hatte also keinerlei Ausrede mehr, nicht in seine Berufung treten zu müssen.

Gott hat Mose sogar noch eine weitere Hilfe an die Hand gegeben:

Hirtenstock

Der Hirtenstock hat eine Bedeutung. Weißt du, warum Hirten sowohl einen Stock haben als auch den gebogenen Stab?

Der Hirtenstab ist oben halb rund gebogen. Üblicherweise ist dieser Bogen relativ groß, damit der Hirte mit diesem Stab die Möglichkeit hat, seine Schafe einzufangen und zu sich zurückzuziehen.

Der Hirtenstock ist lang, stabil und eignet sich gut zur Verteidigung.

Mose hat von Gott einen **Stock** bekommen. Mit diesem Stock wurden die Plagen eingeleitet und später in der Wüste die Wunder vollbracht. Immer wieder war dieser Stock im Spiel.

Das zeigt, dass Gott sehr gut dafür gesorgt hatte, dass Mose mit dem richtigen „Werkzeug" ausgestattet war. Sein Sprachrohr war Aaron, die Waffe war der Stock.

Mit diesem Werkzeug war Mose nun in der Lage, sich seiner Berufung zu stellen und den Weg zu betreten, den Gott 80 Jahre zuvor geebnet hat. (Mose war 40 Jahre alt, als er nach Midian floh und lebte dort zum Zeitpunkt seines Gespräches mit Gott weitere 40 Jahre.)

Eigentlich ein echt alter Mann, stimmt´s? Und doch war er störrisch, eigensinnig und erst einmal nicht gewillt, auf Gott zu hören.

Jetzt bist du an der Reihe

Richtig, nun geht es wieder um dich. Im Kapitel über Abraham hast du dich damit auseinandergesetzt, wie gehorsam du bist. Du hast dein Vertrauen überdacht und dir Gedanken gemacht, welche Strategien du nutzt, um Gott immer im Mittelpunkt deines Lebens zu haben. Außerdem solltest du dir Gedanken darüber machen, wie du mit Versuchungen umgehst.

Von Mose können wir ebenfalls wieder sehr viel lernen.
Bei Mose geht es weniger um das Thema Vertrauen. Moses Themen waren Selbstbewusstsein und Angst. Er ist als Mörder geflohen und hat sich 4 Jahrzehnte lang in der Wüste versteckt gehalten. Sicher hatte Mose große Angst, genau dorthin zurück zu kehren, wo er zum Mörder wurde und sich gegen den Pharao gestellt hat.

Die Ausrede, auf die wir das Augenmerk legen, war bei Mose der „schwerfällige Mund". Es wird davon ausgegangen, dass Mose gestottert hat. Bei seinen Auftritten vor dem Pharao war er sicherlich aufgeregt. Es ist allgemein bekannt, dass Aufregung für einen Stotterer regelrechtes Gift ist. Selbst Menschen, die normalerweise nicht stottern, fangen unter Stress und Druck durchaus auch zu stottern an.

Trotzdem kannst du von Mose sehr viel lernen:

- Mose erkannte Gottes Stimme und er gehorchte ihm, als er die Stimme aus dem Brennenden Busch hörte.

- Mose war sicherlich sehr neugierig. Manch anderer wäre vielleicht weggelaufen, als der Busch brannte. Doch Mose zog es zu dem Busch. Er war fasziniert davon, dass das Feuer rein gar nichts zerstörte.

- Mose war hartnäckig. Nachdem er die Sicherheit hatte, dass Aaron ihm zur Seite gestellt war, konnte nichts und niemand mehr

Mose davon abhalten, seine Berufung zu leben und den Auftrag Gottes auszuführen.

So, jetzt bist du wieder dran! Auf den nächsten Seiten hast du wieder Platz für deine Gedanken.

Folgende Fragen solltest du dir beantworten:

- Wie steht es denn um deine Fähigkeit, vor anderen Menschen zu sprechen? Fällt es dir eher leicht oder eher schwer?

- Erkennst du Gottes Stimme? Weißt du, wann er zu dir spricht und wann es deine eigenen Gedanken sind?

- Wie standhaft bist du, wenn es darum geht, Gottes Auftrag auszuführen?

- Führst du Gottes Aufträge direkt aus oder suchst du erst ei mal nach Ausreden?

Wenn dich die Geschichte von Mose so richtig interessiert, kannst du gerne 2. – 5. Mose lesen. Ja, du hast richtig gelesen. Es sind tatsächlich 4 der Mose•Bücher, die davon berichten, wie Mose das Volk Israel aus Ägypten hinausführte und bis vor die Tore Kanaan gekommen war. Mit Moses Tod enden die Bücher Mose.

Aber keine Sorge – um hier mitzukommen, musst du dich nicht mit der gesamten Geschichte der Wüstenwanderung auseinandersetzen. Denn im nächsten Kapitel schauen wir uns den nächsten großen Mann in der Bibel an: David.

Notizen

Ausrede III: Ich bin eine Fremde – Rut

Steckbrief
Name: Rut
Geburtsort: Moabit
Geboren: Moabit
Ehemann: Ein Sohn Noomis, später Boas
Kinder: Obed
Kultur: Ursprünglich Moabiterin, wanderte nach Bethlehem aus

Wer war Rut?
Rut ist uns bekannt als die Frau, die zusammen mit ihrer Schwiegermutter Noomi ihre Heimat Moabit verlassen hatte, um mit Noomi zu leben.

Wie kam Rut an einen israelischen Ehemann?
Um zu verstehen, wie es überhaupt zu dieser Konstellation gekommen war, möchte ich für dich ein wenig ausholen.
Noomi lebte zusammen mit ihrem Ehemann Elimelech und den beiden Söhnen Machlon und Kiljon in Bethlehem, Juda. Als dort zur Zeit der Richter eine Hungersnot entstanden ist, nahm Elimelech seine Familie und ist mit ihr in das Land der Moabiter ausgewandert.
Die beiden Söhne haben ihre Frauen, Opra und Rut, kennengelernt und geheiratet. Doch das Glück sollte ihnen nicht erhalten bleiben: Zuerst starb Elimelech, später starben auch Machlon und Kiljon. Zurück blieben drei verwitwete Frauen. In der damaligen Zeit war es üblich, dass eine verwitwete Frau von einem sogenannten Löser geheiratet wurde. Dieser Löser kam aus dem direkten familiären Umfeld des Verstorbenen. Entweder war es ein Bruder oder - falls kein Bruder da war - der am nächsten stehende männliche Verwandte.
Noomis Söhne waren beide verstorben und so ging Noomi zurück in ihre Heimat. Da Noomi von ihren Schwiegertöchtern jedoch nicht verlangen wollte, dass diese ohne Mann bleiben würden, gab sie die beiden Frauen an der Grenze zwischen Juda und Moabit frei und schickte sie zurück.

Doch Rut hatte sich entschieden, bei Noomi zu bleiben und sie zu versorgen. Noomi war nicht mehr die Jüngste und ebenso darauf angewiesen, dass sich jemand um sie gekümmert hat.

Also gingen die beiden Frauen zurück nach Bethlehem.

Dort las Rut Ähren auf einem der Felder ihres Verwandten Boas auf, um daraus Mehl herzustellen. Boas war einer der Löser aus Elimelechs Familie und hat Rut geheiratet.

Aus dieser Ehe entstammt Obed. Dieser zeugte Isai, Davids Vater. Und somit wurde Rut, eine völlig Fremde im Lande Juda, zur Urgroßmutter der Segenslinie.

Die Charaktereigenschaften Ruts

Rut bringt viele Charaktereigenschaften mit, von denen wir uns eine sehr große Scheibe abschneiden können.

Dass Rut nicht in ihre Heimat zurückgekehrt ist, zeigt, dass sie sich ihrer Schwiegermutter gegenüber verpflichtet gefühlt hat. Sie wusste, dass Noomi in ihrem Alter wohl keinen Löser mehr finden würde und auf sich alleine gestellt ein Leben in Armut vor sich hatte.

Rut war jung. Ihre Chancen, einen Löser zu finden, standen sehr gut. Doch nicht nur ihr junges Alter machten sie zu einer begehrenswerten Frau.

Vielmehr stehen hier andere, sehr bemerkenswerte, Charaktereigenschaften im Vordergrund:

- **Rut war fürsorglich**

Sie sorgte sich mehr um ihre Schwiegermutter, als um sich selbst. Rut hätte auch zurück in ihre Heimat gehen und neu heiraten können. Jedoch war es ihr wichtiger, sich um Noomi zu kümmern.

- **Rut war loyal**

Als Rut die Ehe mit Noomis Sohn einging, übernahm sie gleichzeitig die Verantwortung für ihre Schwiegereltern. Zu ihren Aufgaben zählte, die Schwiegereltern im Alter zu unterstützen. Daran hielt Rut auch dann noch fest, als ihr Ehemann verstorben war und Noomi sie freigegeben hatte.

- **Rut war Gesetzestreu**

Obwohl Rut eine Fremde in Bethlehem war, hielt sie sich an die dort geltenden Gesetze. Sowohl an die rechtlichen Gesetze als auch an die moralischen. Im Buch Rut wird immer wieder betont, dass Rut sich den Anordnungen ihrer Schwiegermutter unterordnete und tat, was diese ihr gesagt hat. Dieses Verhalten zeugt zum einen von einem bedingungslosen Gehorsam, zum anderen zeigt es aber auch, dass Rut sich an die geltenden Gesetze halten und sich somit der ihr fremden Kultur unterordnen wollte.

Diese Charaktereigenschaften machten Rut zu einer ganz besonderen Frau.

Die Ausrede, die zu Rut passt, lautet:

„Ich bin eine Fremde!"

Nun, ja, eine Fremde war Rut. Fremd in Bethlehem und fremd in der Kultur. So völlig neu waren die jüdischen Gesetze für sie vermutlich jedoch nicht. Wir können davon ausgehen, dass Elimelech die jüdischen Bräuche auch in Moabit weitergelebt hat und Rut daher damit konfrontiert wurde. Sie wurde sicher durch ihre neue Familie und ihren Ehemann in die jüdische Kultur eingeführt.

Dennoch war es nicht ihre Heimat. Und ich wage zu behaupten, dass es einen großen Unterschied macht, ob du in einer Heimat mit einer dir fremden Kultur bekannt gemacht wirst oder ob du in einem fremden Land mit der dort geltenden Kultur zurechtkommen musst.
Was genau bedeutet es, „fremd" zu sein?
Jetzt stellt sich die Frage, was alles unter „fremde" Kultur fällt. An

dieser Stelle kann ich dir nur eine kleine Auflistung geben, die du ja vielleicht sogar selbst noch weiter ausbauen kannst:

- Ein fremdes Land, mitsamt seiner Kultur.
- Eine andere Religion, als die, mit der man aufgewachsen ist.
- Eine andere Region, als die, in der man bisher gelebt hat.
- Innerhalb der eigenen Religion unterschiedliche Abzweigungen.

Wie du siehst, bedeutet „fremd" nicht nur, dass jemand aus einem anderen Land kommt.

Für mich war es zum Beispiel eine völlig neue Form von Kirche und Gemeindeleben, als ich in die Gemeinde gewechselt bin, in der ich heute mein geistliches Zuhause sehe. Großgeworden bin ich in einer charismatisch geprägten Welt. Heute gehe ich in die landeskirchliche Gemeinschaft. Zwei völlig unterschiedliche Formen von Gottesdienst und Gemeindeleben innerhalb der evangelischen Religion.
Ich musste mich auf etwas mir völlig Neues einlassen, um den Menschen dort, und vor allem auch mir selbst, eine Chance zu geben. Und doch habe ich genau da, wo ich es am wenigsten erwartet habe, meine Heimat gefunden.
Mich in dieser mir neuen Gemeindekultur zurecht zu finden, war dennoch nicht einfach. Die Bibel ist die Gleiche, die Lieder sind die Gleichen – und doch ist es eine andere Form von Gemeindeleben.

Um wachsen zu können, musst du bereit sein, dich auch mal auf völlig neue Dinge einzulassen. Es bedeutet nicht zwangsläufig, dass du alles hinter dir lassen musst, wofür du bisher gelebt hast. Für manche Menschen kann allerdings gerade dies ein Segen sein.

Vielleicht fühlst du dich fremd, weil du tatsächlich aus einem anderen Land, einer anderen Kultur, kommst. Es mag aber auch durchaus sein, dass du dich deshalb fremd fühlst, weil du dich mit einer anderen Form von Gottesdienst auseinandersetzen musst.

Eine weitere Möglichkeit ist, dass du vielleicht aus beruflichen oder privaten Gründen umgezogen bist oder in einer fremden Stadt einen Studienplatz bekommen hast.

In allen Fällen musst du dich in irgendeiner Form an etwas Neues gewöhnen.

Doch das heißt noch lange nicht, dass du den Menschen in deinem neuen Umfeld nicht zum Segen werden kannst.

Wenn die fremde Kultur Segen bringt

Wenn Menschen aus unterschiedlichen Kulturen oder kirchlichen Hintergründen zusammentreffen, kann das zu einer Herausforderung werden. Vor allem dann, wenn diese beiden Kulturen verfeindet sind.

Es kann aber auch zum Segen werden:

- Du bekommst eine neue/andere Sichtweise.

- Du kannst anderen Menschen etwas beibringen, was dort in der jeweiligen Kultur vielleicht bisher nicht gelebt wurde.

- Du lernst selbst viele neue Dinge, die du dann wieder weitergeben kannst.

Jetzt bist Du an der Reihe

Nun kommen wir wieder zu dem Punkt, an dem Du selbst etwas arbeiten darfst.

Du hast heute einiges darüber gelernt, warum ein Mensch, der „fremd" in irgendeiner Hinsicht ist, ebenfalls zu einem Segen werden kann.

Bei Rut war es sicherlich der Charakter, der ausschlaggebend dafür war, dass Gott sie außerwählt hat.

Diese Charakterzüge, welche wir bei Rut finden können, finden sich bei den großen Frauen der Bibel immer wieder. Egal, ob Miriam, Maria, Hannah oder Maria Magdalena – alle diese Frauen hatten sehr ähnliche Charakterzüge.

Wie sieht es nun in deinem Leben aus? Bist du wirklich zu 100% in deiner Heimat? Oder gibt es doch Bereiche, in denen du dich wie ein Fremdling fühlst?

Heute bitte ich dich, folgende Fragen zu beantworten:

- Lebst du in deiner Geburtsstadt oder an einem Ort, an dem du irgendwann einmal fremd warst?

- Wenn ja, welche Hürden hattest du zu Beginn zu überwinden?

- Was war für dich ausschlaggebend, dass du deine „Heimat" gefunden hast? Du dich dort, wo du jetzt bist, wohl fühlst?

- Wovor hattest du am meisten Angst?

- Mit welchen Eigenschaften bist du für andere Menschen bereits zum Segen geworden? Welche Fähigkeiten bringst du mit?

Da wir mittlerweile bei der Hälfte des Buches angekommen sind, bekommst du noch eine besondere Aufgabe:

Bitte suche dir eine der bisherigen Ausreden aus. Im Idealfall ist das die Ausrede, mit der du die größten Schwierigkeiten hast. Und dann schreibe dir auf, was du gezielt dafür tun möchtest, um hier entgegenzuwirken. Das kann zum Beispiel bedeuten, dass du vor einer kleinen Menschenmenge sprichst, wenn du bisher Angst vor dem Reden hattest. Wichtig ist, dass du dich gezielt für eine Aufgabe entscheidest, die dir schwerfällt. Nur so macht diese Übung Sinn.

Falls du noch mehr über Rut wissen möchtest, dann lies am besten das komplette Buch Rut in der Bibel. Es wird dir helfen, Rut und ihre Charakterzüge besser zu verstehen.

Notizen

Ausrede IV: Ich habe schwer gesündigt – David

Steckbrief
Name: David
Geburtsort: Bethlehem
Geboren: ca. 1000 v.Chr.
Ehefrau: Michal, Abigajil, Batseba
Kinder: Amnon, Kileab, Absalom, Adonia, Schefatja, Jitream, Salomo
Geschwister: Je nach Bibelstelle 7 Brüder (1. Samuel 16,10•11) oder 6 Brüder und 2 Schwestern (1. Chronik 2, 13•15)

Wer war David?
David wurde als jüngster Sohn Isai in Bethlehem geboren und ist der Urenkel der Moabiterin Rut. (Zu Rut kommen wir noch in einem späteren Kapitel.)

Als David zum König auserwählt wurde, war er ein kleiner unbedeutender Junge, der die Schafe seines Vaters gehütet hat. Umso erstaunlicher ist der Werdegang, den er eingeschlagen hat.
David wurde von Samuel im Geheimen zum König gesalbt, was sein Vater absolut nicht nachvollziehen konnte. Seine nächste große Tat war der Sieg gegen die Philister, indem er Goliath getötet hat. Er hat ihm mit der Steinschleuder einen Stein auf die Stirn geschleudert, sodass Goliath ohnmächtig zu Boden viel. Anschließend hat David Goliath mit dessen eigenem Schwert getötet.
Dank seiner Begabung, auf der Harfe zu spielen, wurde er bereits als Jugendlicher an den Hof des König Saul geholt. Dort hatte David die verantwortungsvolle Aufgabe, Saul mit seinem Harfenspiel zu beruhigen und ihm in seiner Depression beizustehen.
Bis er erwachsen war, war er also schon eine richtige Berühmtheit.

Davids große Schwäche
Seine größte Schwäche war vermutlich die Liebe zu Batseba. Obwohl David bereits seine Frauen hatte und auch Batseba verheiratet war,

gab David sich dieser Liebe hin. Um freie Hand zu haben, lies er ihren Ehemann im Krieg an die Front stellen, damit er getötet wird.

Jeder normale Mensch würde für so eine Tat hinter Gitter wandern. Früher wurden Mörder direkt ebenfalls gelyncht. Doch David genoss eine etwas andere Stellung. Und das lag nicht einmal daran, dass er König war.

Vielmehr hatte Gott seine Hand über ihm. Denn mit David hatte Gott noch etwas ganz Besonderes vor.

Davids Weg zum Königtum

Dass David bereits als Jugendlicher an den Hof Sauls geholt wurde, weißt du ja schon. Doch David musste nicht nur Sauls Wutanfälle aushalten. Eines Tages warf Saul in einem seiner Anfälle einen Speer nach David. Dies war das sichere Zeichen für David, dass es an der Zeit war, den Palast vorerst zu verlassen. Er flüchtete in die Berge und hat sich für 18 Monate ausgerechnet bei den Philistern vor Saul versteckt. Als Saul bei einem Kriegszug einen Schwächeanfall erlitten hat, wurde er von einem Amalekiter getötet. Auch Jonathan, Davids engster Freund, kam bei diesem Kampf ums Leben.

David hätte also allen Grund zum Jubeln gehabt. Endlich war der Verfolger tot. Endlich konnte er sich wieder frei bewegen. Jeder von uns würde an dieser Stelle vermutlich einen Freudentanz aufführen und eine riesen Party schmeißen.

Doch David war ein sehr demütiger Mensch. Und was er all die Zeit, in der es ihm bei Saul so schlecht ging, und die Monate, in denen er sich vor Saul versteckt halten musste, nie vergessen hat: Saul war von Gott zum König gesalbt worden. Und genau als solcher wurde er auch von David anerkannt: Als der von Gott Gesalbte. Deshalb hat David auch nicht gejubelt. Stattdessen verfiel er in tiefe Trauer um seinen Freund Jonathan und dessen Vater Saul. Die Rede hierzu findest du in 2. Samuel 1,26.

Das ist eine Charaktereigenschaft, von der die meisten Menschen vermutlich nur träumen. Da gehört schon sehr viel Demut dazu, wenn man sich trotz der Verfolgung und Verfeindung immer noch vor dem

König neigt. Und Davids Demut war absolut echt. Da war nichts Falsches, nichts Gespieltes dabei. Diese Liebe zu Jonathan und die Demut gegenüber Saul waren echt.

Was hat David mit dir zu tun?
Zwischen David und der Ausrede, zu sündhaft zu sein, um für Gottes Reich zu arbeiten, gibt es sehr viele Parallelen.
Du kannst es dir schon denken: Ich möchte den Fokus zuerst einmal auf den Ehebruch legen.
Nicht, dass ich dir unterstellen möchte, die Ehe in irgendeiner Form zu brechen. Ehebruch ist einfach eine sehr schwerwiegende Sünde, die enorme Folgen nach sich ziehen kann. Und in Davids Fall auch nach sich gezogen hat.

- **Ehebruch**

David brach die Ehe, obwohl er durch Gottes Gesetz wusste, dass er damit sündigt. Ihm war sehr wohl bewusst, was er da tat. Ehebruch begeht man nicht einfach mal eben so aus Versehen. Ehebruch ist etwas, was ein Mensch ganz bewusst tut. Trotzdem war es ihm wichtiger, mit der Frau zusammen sein zu können, die er liebt, als Gott gegenüber gehorsam zu sein.

- **Mord**

Und als ob Ehebruch nicht schon ausgereicht hätte, hat er auch noch Batsebas Ehemann Urjia töten lassen. Was er sich bei seiner List gedacht hat, bleibt wohl ein Geheimnis. Jedenfalls war es echt hinterlistig, wie er den Mord vollzogen hat. Denn er gab die Anweisung, dass Urjia in einer Kriegsschlacht an vorderster Front eingesetzt werden sollte, damit er im Krieg tödlich verletzt würde. Und tatsächlich: der Plan ging auf und David heiratete anschließend die verwitwete Batseba.

- **Anstiftung zum Mord**

Da David ja nicht selbst Hand angelegt hatte, sondern andere Männer mit hineingezogen hat, kommt der bisherigen Liste auch noch Anstiftung zum Mord hinzu.

Diese drei Sünden Davids waren ziemlich schwerwiegend. Und doch hat Gott ihn dazu auserkoren, ein großes Vorbild für die Menschheit zu werden.
Schauen wir uns einmal die Eigenschaften an, die David heute für uns ein so großes Vorbild sein lassen.

- **Demut**

Darüber habe ich schon geschrieben. Trotzdem möchte ich die Demut an dieser Stelle noch einmal aufführen. Denn Demut ist eine Eigenschaft, die sehr vielen Menschen fehlt. Zumindest die echte Demut. Es ist einfach, sich einem Menschen gegenüber demütig zu zeigen, wenn die Beziehung stimmt. David ist es sicher sehr leicht gefallen, Jonathan gegenüber demütig zu sein. Doch wenn es Probleme gibt, wenn dir jemand nach dem Leben trachtet und versucht, dich zu töten, kannst du dann noch demütig sein?

- **Vertrauen**

David hatte ein unbeschreibliches Vertrauen in Gottes Führung. Die vielen Psalmen, die er geschrieben hat, sind Zeuge dieses Vertrauens. Selbst bei den Fluchpsalmen hat David es geschafft, sein Vertrauen in Gott einfließen zu lassen. Denn nur jemand, der ein absolut gefestigtes Vertrauen hat, ist in der Lage, solche Verse zu schreiben. David war sich absolut sicher, dass Gott eingreifen und seine Feinde qualvoll sterben lassen würde.

• Begnadeter Dichter und Sänger

Hast du dir schon einmal alle Davidpsalmen durchgelesen? Die Gabe, wie er Lieder schrieb, ist unvergleichlich. Kaum ein anderer der Psalmisten hat es geschafft, David hier das Wasser zu reichen.
Die Psalmen sind aber nicht nur schön zu lesen. Sie dienen seit Jahrhunderten Menschen dazu, Loblieder zu schreiben und sie zu ermutigen. Die Psalmen sind die Grundlage enorm vieler Lobpreislieder. Sowohl der alten Kirchenlieder, die man häufig nur noch in klassischen Gesangsbüchern findet, als auch der ganz modernen Lieder.

Am Ende musste David zwar für seine Sünden geradestehen und durfte den Tempelbau nicht zu Ende bringen (das tat sein Sohn Salomo stattdessen für ihn). Jedoch hat Gott Davids Fähigkeiten genutzt, damit wir bis heute daran erinnert werden, wie Menschen nach dem Herzen Gottes aussehen, beziehungsweise welche Charakterzüge Gott von einem Menschen nach seinem Herzen erwartet.

Jetzt bist du an der Reihe

Auch heute darfst du dir wieder Gedanken machen. Und zwar diesmal um deine Sünden.
Welche Sünden du mit dir herumschleppst, weiß Gott allein. Und hoffentlich auch Du. Falls du sie nicht kennst, wird es Zeit, sie dir von Gott zeigen zu lassen.

Allerdings geht es heute in erster Linie um die Bereiche in deinem Leben, die dich davon abhalten, in deine Berufung einzutreten.

Ich bitte dich heute darum, dass du dir über folgende Punkte Gedanken machst:

• Welche Sünde steht zwischen dir und deiner Berufung? Gibt es da etwas Bestimmtes, was du Gott hinlegen kannst?

• Wie stark ist dein Vertrauen auf Gottes Führung, wenn du durch echt schwere Zeiten gehst? Wie geht es dir jetzt im Moment mit der Corona•Situation?

• Wie demütig bist du Gott gegenüber? Gibt es Menschen in deinem Leben, die dich in irgendeiner Form verfolgen? Könntest du so handeln wie David bei Saul?

Wenn dich David noch mehr interessiert und du tiefer in sein Leben einsteigen möchtest, dann nimm dir die Zeit und lies die Bücher Samuel. Im 1. Samuel findest du Davids Geschichte bis zu Sauls Tod. In 2. Samuel ist niedergeschrieben, wie David als König war.

Sicher ist es hilfreich, zumindest 2. Samuel zu lesen, damit du eine Ahnung davon hast, welche Bindung David zu seinem Sohn Salomo hatte. Denn um Salomo geht es im nächsten Kapitel.

Notizen

Ausrede V: Ich bin viel zu jung – Salomo

Steckbrief
Name: Salomo
Geburtsort: Jerusalem
Geboren:
Ehefrau:
Kinder:
Geschwister: Amnon, Kileab, Absalom, Adonia, Schefatja, Jitream

Wer war Salomo?
Salomo war der jüngste Sohn Davids und hatte insgesamt 6 Geschwister. Er stammt aus dem Ehebruch seines Vaters mit Batseba.
Obwohl Salomo in der Thronfolge ganz am Schluss stand, konnte er sich am Ende durchsetzen und übernahm den Thron seines Vaters. Damit gelingt zum ersten Mal eine organisierte Machtübergabe innerhalb einer Familie. Die Dynastie „David" entsteht.

Als Salomo den Thron bestieg, war er noch ein Teenager oder junger Erwachsener. Sieht man sich heute unter Teenagern oder jungen Erwachsenen um, würde man wohl eher kaum jemandem in dieser Altersgruppe zutrauen, ein ganzes Volk zu führen.
Es fehlt an Lebenserfahrung, häufig auch an konsequentem Handeln und Weisheit. Letzteres hat auch Salomo gesehen und Gott ausschließlich darum gebeten, ihn mit Weisheit auszustatten.

Die Bücher Salomos
Aus Salomos Feder entstammt auch ein Buch der Bibel. Außerdem war er an den Psalmen beteiligt und viele seiner weisen Sprüche wurden in den Sprüchen niedergeschrieben.

- **Das Hohelied**

Das Hohelied spiegelt eine Liebesgeschichte wider, in der Salomo eine der beiden Hauptfiguren darstellt.

- **Sprüche**

Neben dem Hohelied werden ihm einige der Sprüche zugeschrieben. Die Sprüche enthalten viele sehr wertvolle Aussagen, die bis heute Bestand haben und immer noch häufig Anwendung finden.

- **Prediger**

Das Buch der Prediger wird ebenfalls mit Salomo in Verbindung gebracht. Sein Name wird darin zwar nicht genannt, die Präsentation des Sprechers als Davidsohn und weiser König sprechen aber dafür, dass dieser Sprecher Salomo war.

- **Psalmen**

Salomo werden Psalm 72 und Psalm 127 zugeordnet.

Wie hat Salomo regiert?
Eine der berühmtesten Geschichten von Salomo ist wohl die Situation, in der zwei Frauen zu ihm gekommen sind, die sich um ein Baby gestritten haben. Beide Frauen haben behauptet, die Mutter zu sein und das Baby der jeweils anderen wäre gestorben.

Salomo zeigte hier ein Vorgehen, welches auf den ersten Blick grausam sein mochte: Er bot den beiden Frauen an, das Baby mit einem Schwert in der Mitte zu teilen und jeder Frau eine Hälfte zu überlassen.
Warum hat er das gemacht? Mit diesem Vorschlag bewies Salomo, mit welcher Weisheit er gesegnet wurde. Das, was andere als grausam eingestuft haben, war jedoch die einzige Möglichkeit, wie Salomo feststellen konnte, welche der beiden Frauen tatsächlich die Mutter war.

Was war geschehen?

Die Frau, deren Kind gestorben war, wollte der anderen Frau das Glück eines Babys nicht gönnen. Und entsprechend hat sie auch reagiert.

Kurzerhand sagte sie: „Wenn ich das Kind nicht haben kann, soll sie es auch nicht haben. Daher ist das Teilen nur gerecht!".

Die echte Mutter des Kindes hingegen war entsetzt über diesen Vorschlag und hatte wahnsinnig Angst um ihr Kind. Deshalb hätte sie lieber auf das Kind verzichtet, als es töten zu lassen.

Ihre Reaktion war: „Gebt das Kind der anderen Frau. Lieber verzichte ich. Aber lasst bitte, bitte das Kind am Leben."

Die Angst der Mutter lies Salomo umdenken und so gab er das Kind seiner Mutter zurück. Die andere Frau musste damit klarkommen, dass ihr Baby gestorben war.

Neben dieser Geschichte zeigte Salomo noch in einigen weiteren Bereichen, wie klug und weise er war.

- **Reich seines Vaters wurde vergrößert**

Er dehnte das Reich seines Vaters auf einen Umfang aus, wie er nie wieder erreicht wurde. Salomo besiegte jeden seiner Gegner und brachte so eine Epoche des Friedens und der Ruhe zu den Israeliten.

- **Finanzielle Sicherheit**

Er zeigte sich auch in finanziellen Dingen als sehr weise und klug. Anstatt seine Zeit mit Kriegen zu vergeuden, sammelte er lieber Reichtümer.

- **Handel und Gewerbe**

Er baute Handel und Gewerbe aus, was ebenfalls den Reichtum vergrößert hat.

- **Bautätigkeit**

Salomo entwickelte eine rege Bautätigkeit. Neben der Fertigstellung des Tempels war er noch an einigen anderen Bauwerken beteiligt. Die vielen Steuern, die dafür vom Volk eingezogen wurden, sorgten jedoch für Unmut.

Salomo – ein Vorbild bis zum heutigen Tag
Salomo galt als unheimlich weise und klug. Mit dieser Weisheit konnte er den Reichtum seines Vaters enorm vergrößern und das Reich, welches zu seinem Königtum gehörte, erweitern.

Obwohl Salomo so jung war, hat Gott ihn mit allem ausgestattet, was er gebraucht hat, um seinen Dienst für Gott zu tun.

Diese enorme Weisheit ist das, was uns Salomo ein so großes Vorbild hat werden lassen.
Unter seiner Führung wurde der Tempel fertiggestellt, das Reich vergrößert und das Vermögen angehäuft. Das gesamte Volk Israel profitierte davon.

Wie lässt sich Salomos Leben nun mit deinem Dienst verbinden?

Die Ausrede, welche zu Salomo passt, lautet:

„Ich bin viel zu jung und habe kaum Lebenserfahrung. Wem soll ich schon etwas beibringen?"

Vielleicht bist du ja selbst gerade in dieser Situation oder hast mit diesem Gedanken den nächsten Schritt schon jahrelang vor dir hergeschoben?
Und dann wachst du plötzlich auf und stellst fest, dass jetzt die erste Ausrede (zu alt) passt. Also wird diese Ausrede direkt hinten angestellt.

Dieser Kreislauf gehört durchbrochen. Wenn du noch sehr jung bist und dich deshalb nicht reif genug fühlst, dann ist jetzt der perfekte Zeitpunkt gekommen. Zieh die Bremse an, steig aus diesem Zug aus und geh endlich den nächsten Schritt!

Leicht ist dieser Schritt nicht, denn in unserer Gesellschaft werden sehr junge Menschen häufig nicht richtig ernst genommen.

Vielleicht hat auch Salomo so gedacht? Niemand weiß, welche Gedanken ihm durch den Kopf gegangen sind, als er von seinem Vater zu dessen Nachfolger gemacht wurde. Doch Salomo hat genau das getan, was einen guten Herrscher ausmacht: Er bat Gott um Weisheit, wie er das Volk führen und regieren sollte.

Doch auch, wenn es nicht einfach ist, solltest du dich nicht davon abhalten lassen, den Weg zu gehen, den Gott dir aufgezeigt hat.
Mein Schwiegervater hat einmal gesagt: „Wenn es wirklich Gottes Stimme war, die du gehört hast, dann werden die Türen auch aufgehen!"

Und genau so ist es auch!
Ich habe lange versucht, mich hinter den Büchern, die ich geschrieben habe, zu verstecken. Meine Ausrede war über viele Jahre, dass ich zu jung bin. Später kam dann die Angst dazu, den Ansprüchen der Anderen nicht gerecht zu werden. Mittlerweile bin ich nicht mehr zu jung und Gott hat mich auch eines Besseren belehrt, was meine Ängste betrifft.
Predigen? Ist nicht meins. Es gibt aber verschiedene Predigtstile und ich verbinde mit Predigen die klassische Lehrpredigt.
Dass diese Form des Predigens gar nicht das ist, was Gott von mir möchte, habe ich erst in einer etwas längeren Diskussion mit Gott verstanden. Aber dazu kommen wir im letzten Kapitel.

Wie sieht es denn mit dir aus?

Jetzt bist Du an der Reihe

Heute bitte ich dich, dir einmal über dein Alter und die damit verbundenen Schwierigkeiten Gedanken zu machen.

Bitte beantworte folgende Fragen:

- Wie alt warst du ungefähr, als du zum ersten Mal eine klare Vorstellung davon bekommen hast, für welchen Dienst in seinem Reich Gott dich einsetzen möchte?

- Welche Schwierigkeiten verbindest du damit, dass du vielleicht wirklich noch sehr jung bist, oder dich zumindest zu jung fühlst? Je konkreter du diese Schwierigkeiten benennst, desto leichter kannst du sie aus dem Weg räumen!

- Wenn du diese Schwierigkeiten genau unter die Lupe nimmst: Sind das wirklich Hürden, die dir auf Grund deines Alters durch äußere Umstände in den Weg gestellt werden? Oder ist es vielleicht eher so, dass du selbst einfach der Meinung bist, dass diese Hürden echte Schwierigkeiten oder Probleme darstellen?

Anschließend solltest du dir Zeit nehmen, ins Gespräch mit Gott zu gehen. Bitte Gott darum, dir aufzuzeigen, welche Hürden nur in deinem Kopf vorhanden sind und welche Hürden du tatsächlich meistern musst.

Und zum Schluss noch ein kleiner Tipp:

Es wird immer etwas geben, was du tatsächlich angehen musst. Du wirst im Laufe der nächsten Jahre und auf deinem Weg mit Gott immer wieder vor einem Berg oder einer Schlucht stehen, welche du überwinden musst, um weitergehen zu können.

Auch, wenn du vielleicht beim Großteil der aktuellen Hürden festgestellt hast, dass sie nur in deinem Kopf existieren: Es wird Schwierigkeiten geben, mit denen du umgehen musst.

Lass dich hiervon aber bitte nicht entmutigen. Kein Christ kann von sich behaupten, dass er schon sein ganzes Leben lang ohne Hürden den Dienst in Gottes Reich tut.

Denn diese Berge und Schluchten helfen dir, dich immer wieder auf Gott zu fokussieren und deinen Charakter, dein Vertrauen in Gott und dein Verständnis für Gottes Wirken zu schärfen und zu schleifen.

Wenn du an einem Punkt in deinem Leben angekommen bist, an dem du alleine nicht mehr weiterkommst, dann hol dir Unterstützung durch ein Mentoring.

Und im nächsten Schritt geht es dann weiter!

Nächste Woche wollen wir uns mit einer Frau aus der Bibel beschäftigen, die eine Eigenschaft mitbringt, wie sie viele Menschen in der heutigen Zeit haben: Sie war eine Fremde unter den Israeliten, lernte Gott erst nach und nach kennen und musste sich in einer ihr völlig fremden Kultur zurechtfinden.

Nächste Woche sprechen wir über die Urgroßmutter Salomos: Rut!

Notizen

Ausrede VI: Ich bin ein Feigling – Jona

Steckbrief
Name: Jona
Wirkungszeit: 793 - 753 v.Chr.
Gelebt: Gat-Hefer, Galiläa (siehe 2.Kön 14,25)
Vater: Amittai

Wer war Jona?
Die Geschichte von Jona kennt nahezu jedes Kind. Sie ist sehr beliebt für Kindergottesdienst und Religionsunterricht. Jona ist uns bekannt als der Prophet, der vor Gott davonlaufen wollte und als Hilfsarbeiter auf einem Schiff in die entgegengesetzte Richtung fuhr, als von Gott aufgetragen war.

Doch Gott lässt sich nicht veräppeln und so hat er einen starken Sturm geschickt, damit Jona versteht, dass es keinen Sinn macht, vor Gottes Auftrag davon zu laufen.

Die Folge war, dass die Besatzung ihn ins Meer warf, worauf sich der Sturm beruhigt hat.

Und Jona? Jona wurde von einem großen Fisch, wir gehen in der Regel von einem Wal aus, verschluckt und an der richtigen Küste wieder an Land ausgespuckt.

An dieser Stelle kommen zwei Fragen auf:

*   Warum wollte Jona vor Gott, beziehungsweise seinem Auftrag, davonlaufen?

*   Warum holte Gott Jona zurück? Er hätte ja auch einfach einen anderen Propheten nach Ninive schicken können.

Auf den nächsten Seiten möchte ich etwas näher auf diese beiden Fragen eingehen.

Jona – war er echt ein Feigling?

Häufig wird Jonas Davonlaufen mit Feigheit gleichgesetzt. Jona hatte Angst, nach Ninive zu gehen und dort Gottes Gericht zu verkünden. Also lief er weg in der Hoffnung, dass Gott ihn nicht finden würde und er so seinem „Schicksal" entkommen konnte.

Allerdings war es keine Feigheit im klassischen Sinn, die Jona zu diesem Schritt veranlasst hatte.

Bevor ich dazu komme, warum Jona geflohen ist, möchte ich erst einmal näher darauf eingehen, wer Jona genau war.

Jona war ein Prophet Gottes, der zu Zeiten Jerobeams II. seinen Dienst tat und unter anderem dazu beigetragen hatte, dass Jerobeam II. die Grenzen des Königreiches auf Kosten Syriens erweitert hatte. (Siehe 2. König 14)

Als Prophet des HERRN stand er in sehr enger Verbindung mit Gott. Er wusste, zu was Gott imstande war und war sich seiner Gnade und Liebe bewusst.

Und genau hier ist der Knackpunkt. Jona war kein Feigling im klassischen Sinne. Er hatte kein Angst davor, zu den Menschen in Ninive zu sprechen und von Gottes Gericht zu erzählen. Jona hatte vielmehr keine Lust dazu. Er war sich der Gnade Gottes so sicher, dass er innerlich genau wusste, dass Gott ohnehin Gnade vor Recht ergehen lassen und Ninive verschonen würde. Vielleicht hatte er ja Angst. Aber nicht vor den Menschen. Wenn er Angst hatte, dann vermutlich eher davor, dass er sich vielleicht zum Affen machen würde, weil er eine Strafe Gottes vorhersagt, die nicht kommt.

Warum ausgerechnet Jona?

Die nächste Frage ist, warum holt Gott Jona zurück? Warum musste ausgerechnet Jona diese Aufgabe übernehmen? Hätte es nicht einen besseren Propheten gegeben? Einen, der nicht versucht, davonzulaufen und mit seiner Rebellion eine ganze Schiffsmannschaft in Gefahr bringt? Doch anstatt sich nach jemand anderen umzusehen, holt Gott Jona auf eine ziemlich brutale Art und Weise zurück. Zuerst einmal musste Jona durch den Sturm. Während die Mannschaft auf dem Schiff um ihr Leben bangte, saß er unten im Schiff und wusste sehr genau, was auf dem Meer vor sich ging.

Um Gott zu besänftigen, ließ er sich ins Meer werfen. Eigentlich dachte er, dass das sein sicherer Tod war. Doch Gott hatte ja noch einen Plan. Also schickte er einen großen Fisch, der Jona verschlucken sollte. Vermutlich war es ein Wal. Sicher sagen können wir das zwar nicht, aber der Einfachheit halber gehe ich jetzt einfach einmal davon aus.

Und jetzt stell dir einmal vor, für geschlagene drei Tage und drei Nächte im Bauch eines Fisches gefangen zu sein. Igitt, das muss echt eklig gewesen sein. Also, ich zumindest kann mir echt was Angenehmeres vorstellen.

So ein Wal, beziehungsweise jeder andere große Fisch vermutlich auch, frisst ja doch so Einiges. Und neben den ganzen kleinen Tierchen, die dort im Bauch des Wales vor sich hin verdaut werden, finden sich da sicher auch noch jede Menge Algen. Ich kann mir gut vorstellen, dass dieser Fisch ein Blauwal war. Denn der ernährt sich von Krill. Das sind kleine rötliche Krebse. Und ein Wal, der sich von Krebsen ernährt, ist vermutlich kein so großer Feind für den Menschen. Trotzdem hat es dort in dem Magen mit Sicherheit ziemlich gestunken.

Und nach drei Tagen und drei Nächten spuckt der Wal Jona einfach wieder an Land.

Doch warum war es ausgerechnet Jona, den Gott auserwählt hatte?

- Jona hatte Charakter!

- Jona kannte Gott und wusste, dass Gott gnädig sein würde.

- Jona wusste genau, was er will und was nicht.

- Jona bewies Stärke, indem er bereit war, die Strafe für seine Sünde (das Weglaufen) auf sich zu nehmen, um die Schiffsmannschaft zu retten.

Denn diese Charaktereigenschaften haben Jona ausgezeichnet. Gott braucht für sein Reich Menschen, die genau diese Eigenschaften haben.

Jona musste ebenfalls durch eine Glaubensschule
In Ninive angekommen, passierte genau das, was Jona erwartet hatte:

- Der König von Ninive erkannte die große Sünde und forderte das Volk zur Buße auf.

- Gott erkannte die Aufrichtigkeit des Volkes und war gnädig. Die Stadt wurde nicht vernichtet.

Doch dass, was Jona lernen sollte, war nicht, wie gnädig Gott war. Dass wusste Jona ja bereits.

In Jona 4 lesen wir, dass Jona lieber sterben wollte, als so weiter zu leben. Ihm war es offensichtlich unangenehm, dass Gott tatsächlich gnädig war und Ninive vor seiner Strafe verschont hat.
Weiter geht es damit, dass Jona sich eine Hütte gebaut hat, um zu sehen, ob Gott es sich nicht doch noch anders überlegen würde. Eigentlich ist das ganz schön fies, oder? Jona wollte so sehr, dass Ninive das Gericht Gottes zu spüren bekommt, dass er sich sogar eine Hütte vor der Stadt gebaut hat, um beobachten zu können, was dort passiert.
Genau das hat Gott genutzt, um Jona eine Lektion zu erteilen.
Du weißt, wie es weitergeht? Gott hat einen Rizinus wachsen lassen, nur, um ihn dann von einem Wurm wieder zerstören zu lassen. Jona konnte sich über den Schatten nur kurz freuen.
Ohne Schatten war es in der sengenden Hitze kaum zu ertragen. Und Jona begann wieder, mit Gott zu hadern und wollte lieber sterben, als in der Sonne zu braten.
He, Moment mal. Jona hatte sich diese Situation doch selbst ausgesucht, oder? Er war ja nicht dazu gezwungen, vor den Toren Ninives zu sitzen und darauf zu warten, ob Gott die Stadt nicht doch noch

zerstören würde.

Jona hätte auch einfach zurück nach Gat-Hefer gehen können.

Stattdessen blieb er dort, wo er war, und Gott konnte an Jonas Herzen arbeiten.

In Jona 4,10-11 lesen wir weiter, dass Gott Jona darauf aufmerksam macht, dass er kein Recht hat, über das Absterben des Rizinus zu erzürnen. Denn er hat ja damit keine Mühe gehabt. Es war nicht sein Werk.

Und doch hat Jona gejammert. Er war traurig, beziehungsweise sauer, weil der Rizinus keinen Schatten mehr spenden konnte.

Wenn jetzt aber ja Jona schon über etwas jammert, das er gar nicht selbst gemacht hatte, wie viel mehr konnte Gott über das jammern, was aus seiner Hand entstanden ist?

Jetzt bist du an der Reihe!

Nun kommen wir wieder zu dir!

Von Jona kannst du sehr viel lernen. Vor allem dann, wenn deine Ausrede lautet: „Ich bin ein Feigling und laufe lieber weg, als anderen zu sagen, was Gott möchte!"

Du hast heute gelernt, dass Jona nur nach außen hin wie ein Feigling wirkte. Genau genommen war er keiner!

Auf dein Leben übertragen heißt das, dass auch du nicht unbedingt feige bist, nur weil du Angst davor hast, den Weg zu gehen, den Gott dir aufgezeigt hat.

Heute bitte ich dich, dir einmal über folgende Punkte Gedanken zu machen:

- **Was genau macht dir Angst?**
Du hast deine Berufung; weißt, wohin dein Weg gehen soll. Doch irgendetwas an dieser Berufung macht dir Angst. Versuche bitte, deine Angst möglichst genau zu beschreiben.

- **Was ist dein „Fisch"?**
Gibt es in deinem Leben einen „Fisch", der dich zurück an Land bringt, damit du den richtigen Weg einschlagen kannst?

- **Wie kannst du diese Angst überwinden?**
Hast du eine Idee, was du tun kannst, um diese Angst zu überwinden? Wenn dir an dieser Stelle nichts einfällt, dann lasse die Zeilen bitte frei. Wir kommen im letzten Kapitel noch einmal darauf zurück. Dann kannst du hier noch etwas nachtragen.

Du hast heute gelernt, dass es keinen Sinn macht, vor Gott davon zu laufen. Es gibt einen Grund, warum Gott genau DICH für die Aufgabe auserwählt hat, die er dir gezeigt hat. Trau dich!

Notizen

Ausrede VII: Ich habe Christen verfolgt – Paulus

Steckbrief
Name: Saulus aus Tarsus in Zilizien
Römischer Name: Paulus
Herkunft: Tarsus; hatte römisches Bürgerrecht von seinem Vater geerbt
Beruf: Zeltmacher

Der Mensch Paulus

Paulus war nicht einfach nur jüdischer Herkunft. Paulus war durch und durch Jude und dem jüdischen Gesetz voll ergeben. Er genoss eine sehr gute Ausbildung und war mit mehreren Sprachen (Hebräisch, Aramäisch, Griechisch, vielleicht auch Latein) vertraut.
Paulus wurde streng nach jüdischer Art erzogen und wurde mit 12 Jahren von seinen Eltern nach Jerusalem geschickt, um dort bei Gamaliel zu studieren.
(„Gamaliel war ein jüdischer Patriarch und die bedeutendste Persönlichkeit des rabbinischen Judentums um die Mitte des ersten nachchristlichen Jahrhunderts." Quelle: Wikipedia)

Als er erwachsen war, hatte er bereits viel erreicht. Zur Zeit des Märtyrertodes von Stephanus war Paulus mindestens 30 Jahre alt und vermutlich ein Mitglied des Sanhedrin (hohe Rat).

Was zeichnet Paulus als Missionar aus?

Paulus war:

* Von Kindheit an durch und durch Jude und dem jüdischen Gesetz unterstellt
* Gut ausgebildet
* Er sprach mehrere Sprachen
* Er kannte die Schriften des alten Testamentes
* Er war Pharisäer und Leiter im Judentum - vielleicht sogar im hohen Rat

Eine weitere, sehr wichtige Vorbereitung bestand in seiner dramatischen, übernatürlichen Bekehrung zu Christus.

- Er begegnete Jesus höchstpersönlich
- Er wurde blind und nach drei Tagen von Gott wieder geheilt
- Er empfing den heiligen Geist

Gott hat Paulus durch die Begegnung und Bekehrung aufgezeigt, dass auch die Heiden, und nicht nur Juden, das Evangelium hören müssen. Gerade weil er so ein Verfechter des jüdischen Glaubens war, ist es auf den ersten Blick nicht so ganz nachzuvollziehen, warum ausgerechnet er als Apostel für die Heiden eingesetzt wurde.
Was Gott sich dabei gedacht hat, werden wir in diesem Kapitel ein bisschen näher unter die Lupe nehmen. (Der Apostel für die Juden war Petrus. Über ihn gibt es in diesem Buch kein Kapitel. Dafür folgt aber in absehbarer Zeit ein vollständiges Buch zu Petrus.)

Jude – eine Stärke oder eher hinderlich für die Mission?

1.   Paulus hatte einen unbeirrbaren Glauben
Auch, wenn Paulus durch und durch überzeugter Jude war, war er doch fest davon überzeugt, dass Jesus von Nazareth der Messias ist, der in den Schriften des Alten Testamentes angekündigt wird. Diese Tatsache unterscheiden Paulus und die Anhänger des jüdischen Jesus-Glaubens von den traditionellen Juden.

2.   Paulus war sehr traditionsverbunden
Trotz seines festen Glaubens an Jesus Christus hat er seinen Bezug zum Judentum nie verloren oder aufgegeben. Paulus war, wie Jesus auch, durch und durch Jude. Ein Mensch, der als Pharisäer und vermutlich auch Mitglied des hohen Rates stark an jüdische Traditionen gebunden war und diese auch gelebt hat.

Nun stellt sich die Frage, wie sich diese beiden Eigenschaften von Paulus miteinander vereinbaren lassen.

Die Antwort ist einerseits kompliziert, andererseits doch so einfach: Das Eine hat das Andere nicht aufgehoben, sondern unterstützt.

Für Paulus bedeutete der Glaube an die Göttlichkeit Jesu nicht der Bruch zum Judentum. Paulus hat, wie alle anderen Juden auch, daran geglaubt, dass der Messias kommen und das israelische Volk erretten wird.

Doch im Gegensatz zu den traditionellen Juden war Paulus ebenfalls davon überzeugt, dass Jesus von Nazareth dieser Messias ist – und damit der jüdische Glaube in Erfüllung ging. Für Paulus wurde durch Jesus der jüdische Glaube nicht aufgehoben – sondern bestätigt.

Jude mit Mission – unermüdlicher Missionseifer

Ein weiteres Merkmal, das Paulus zum idealen Missionar machte, ist sein unermüdlicher Missionseifer. Den hatte er schon vor seiner Bekehrung. Zu dieser Zeit hat sich sein Eifer allerdings noch gegen die Jesusanhänger gerichtet. Paulus war vor seiner Bekehrung davon überzeugt, dass jeder, der Jesus als Messias sah, sich der Gotteslästerung schuldig machte. Sein Eifer war der Motor, der ihn dazu angetrieben hatte, genau diese jüdische Sekte auszurotten.

Nach seiner Bekehrung trieb ihn der gleiche Motor an, das Evangelium von Jesus in die Welt hinauszutragen und an die Heiden weiterzugeben.

Welches Ziel hatte Paulus mit seinen Missionsreisen?

Vor der Bekehrung verfolgte Paulus das Ziel, jeden zu töten, der dieser neuartigen Sekte angehörte.

Nach seiner Bekehrung war das Ziel, möglichst viele Menschen zu erreichen und ihnen die frohe Botschaft, dass der Messias bereits gekommen war, zu verkündigen. Paulus wollte Gemeinden gründen, die sowohl für Juden als auch für Heiden zugänglich waren. Und das tat er mit dem gleichen Ehrgeiz, mit dem er zuvor die Christen verfolgt hatte.

Wie passt Paulus zu dir?

Paulus war einer sehr ähnlichen Situation ausgesetzt, die wir ebenso aus dem Alltag kennen: Er lebte als Jude in einer nichtjüdischen Umgebung und musste dort seinen Glauben so leben, dass er für andere Menschen, die Heiden, zum Vorbild wurde.

Das wichtigste Merkmal, das Paulus in dieser Zeit auszeichnete, war wohl seine Authentizität. Paulus gab nicht etwa seine Identität auf oder passte sich den Heiden an.

Nein – Paulus lebte seinen Glauben auch unter den Heiden weiter. Er versuchte, den alten jüdischen Glauben mit der modernen griechischen Kultur zu vereinen. Paulus war offen für das, was ihn erwartet hat, ohne dabei seinen eigenen Glauben aufzugeben. Er war absolut authentisch. Das, was er den Christen empfohlen hatte, lebte er auch selbst.

Warum ist Paulus ein so großes Vorbild, wenn es darum geht, wie Gott die angeblichen Schwachstellen der Menschen, die er sendet, ins Positive wendet?

• **Paulus war ehrgeizig**

Er hat mit dem gleichen Ehrgeiz, mit dem er zu Beginn die Christen verfolgte, später auch den Glauben an Jesus Christus und dessen Auferstehung verkündet. Hierdurch wurde das Evangelium bis nach Europa getragen.

• **Paulus verstand es, die Gemeinde zu unterweisen**

Paulus war ein Pharisäer – und somit einer dieser Männer, die im Judentum dafür zuständig waren, das Volk in den Schriften zu unterweisen.

Ich kann mir gut vorstellen, dass die ersten jungen Christen nicht nur Angst vor Paulus´ Verfolgungen hatten, sondern auch sehr verwundert über seine Unterweisungen waren. Schließlich hat er als Pharisäer den jüdischen Glauben gelehrt. Und jetzt kam er plötzlich damit an, zu erklären, dass Jesus Christus aus Nazareth der Messias ist, auf den die Juden immer noch warteten.

Sein Talent der Unterweisung wurde von Gott in einem Maße gebraucht, wie sonst bei keinem anderen Apostel.

- **Paulus hatte ein gutes Gefühl für den Umgang mit Menschen**

Paulus wusste, wie man mit Menschen umgeht. Das steht außer Frage. Und diese Menschenkenntnis konnte er gerade für seinen Dienst so gut gebrauchen. Die Fähigkeit, liebevoll auf den Menschen einzugehen, nutzte er die gesamte Zeit seines Dienstes. Liest man seine Briefe, dann wird sehr deutlich, dass es ihm ein großes Anliegen gewesen sein muss, seine Mitmenschen so zu behandeln, wie Jesus die Menschen behandelt hat: Stets mit Liebe und Respekt.

Jetzt bist du an der Reihe
Ja, auch mit Paulus darfst du dich auf eine Stufe stellen. Jetzt geht es mal wieder um dich und deine Ausreden.
Die Ausrede, die wir mit Paulus verbinden können, ist die Frage nach der Vergangenheit ohne Gott.
Sicher werden viele Menschen in eine christliche Familie hineingeboren und wachsen entsprechend mit dem Glauben an Jesus Christus auf. Doch leider bleibt dieser Glaube häufig nicht so hängen, wie Eltern sich das wünschen.
Paulus war vielleicht kein richtiger Atheist. Er hat Jesus auch vor seiner Bekehrung nicht verleugnet. Paulus hat aber nicht daran geglaubt, dass Jesus der Messias ist und hat deshalb die Christen wegen Gotteslästerung verfolgt.

Vermutlich hast du vor deiner Bekehrung zu Jesus die Christen nicht direkt verfolgt, so wie Paulus es getan hat.
Allerdings können auch kleinere „Vergehen" an den Christen zur Verfolgung hinzugezählt werden:

- Wegen des Glaubens verspotten.
- Menschen als minderwertig ansehen, nur weil sie eine andere Vorstellung vom Glauben haben als du.
- So sehr an Traditionen gebunden sein, dass kein offenes Glaubensleben mehr möglich ist.
- Viel zu stark an den offenen Formen des Glaubens (beispielsweise die charismatische Form) festhalten, sodass es keinen Raum mehr für traditionelle Rituale gibt.
- u.v.m.

Diese Aufzählung könnte noch seitenweise weitergeführt werden. Ich verzichte an dieser Stelle aber auf weitere Ausführungen, da ich denke, dass du verstehst, um was es mir geht.

Für deine Ausrede solltest du dir nun folgende Fragen stellen:

- Wo liegen meine größten Fehler, die ich vor meiner Bekehrung gemacht habe?

- Welche vermeintlichen Schwächen habe ich in Bezug auf den Glauben?

- Wie kann Gott diese Schwächen als Stärke für den Dienst in seinem Reich einsetzen?

Zu Paulus gibt es viele richtig gute Bücher. Paulus war ein Mann, der Christen in aller Welt bis zum heutigen Tage inspiriert. Wenn du dich eingehender mit Paulus beschäftigen möchtest, dann empfehle ich dir das Buch „Paulus – Jude mit Mission" von Guido Baltes. Das Buch zeigt sehr gut auf, wie Paulus es geschafft hat, als Jude unter Christen zu leben und das Evangelium zu verbreiten. Trotz seiner Vergangenheit!

Im nächsten Kapitel sprechen wir nun endlich über den, wegen dem wir bereit sind, unser ganzes Leben auf den Kopf zu stellen und ihm nachzufolgen: JESUS!

Ich freue mich schon darauf, du auch?

Notizen

Ausrede VIII: Ich komme aus ärmlichen Verhältnissen – Jesus

Steckbrief
Name: Jesus von Nazareth
Geboren: Zwischen 7 und 4 v.Chr.
Wohnort: Galiläa – verschiedene Orte
Eltern: Josef von Nazareth, Maria
Beruf: Zimmermann

Wer war Jesus
Jesus wurde als kleines Kind in einem Stall nahe Bethlehem geboren. Seine Eltern mussten wegen einer Volkszählung in ihre Geburtsorte kommen. Aufgrund des hohen Reiseaufkommens gab es für Josef und seine hochschwangere Frau Maria keine Möglichkeit, in einer Pension zu übernachten. Deshalb schliefen sie in einem Stall. Dort kam Jesus zur Welt.

Jesus war von Anfang an ein besonderes Kind. Nicht nur, weil er bereits als neugeborener Säugling hohen Besuch erhielt. Jesus kam als der Sohn Gottes auf die Erde.
Um seine Berufung zu erfüllen, musste er jedoch Mensch werden. Und dazu gehörte auch, dass er ganz normal, wie jeder andere Mensch auch, aufgewachsen ist. Später wurde er im Handwerk seines Ziehvaters unterwiesen und hat als Zimmermann gearbeitet.

Hatte Jesus Schwachstellen?
Diese Frage wirkt sicher auf jeden, der fest daran glaubt, dass Jesus Christus der lebendige Gott ist, etwas merkwürdig. Denn wir alle wissen: Gott ist der Einzige, der perfekt ist, keine Fehler macht. Er ist derjenige, der das Universum geschaffen hat und daher darf diese Frage doch eigentlich nicht gestellt werden, oder doch?

Diese Frage ließe sich mit einem Wort beantworten: NEIN!
Und doch stelle ich sie, um etwas näher darauf einzugehen.

Jesus hatte keine Schwachstellen, so wie wir sie uns vermutlich vorstellen.

Ich verbinde Jesus mit der Ausrede: „Ich bin in ärmlichen Verhältnissen aufgewachsen."

Und genau hier hatte er aus heutiger Sicht doch einen wunden Punkt. Denn das, was heute leider immer noch trauriger Standard ist, nämlich die Unterschiede im sozialen Stand eines Menschen aufgrund von Herkunft, Bildung und Finanzen, war auch zu Jesus Lebzeiten schon ein Grund, den einen Menschen mehr zu achten als den anderen.

Ich möchte in diesem Kapitel gar nicht so sehr darauf eingehen, wer genau Jesus war und wie er gewirkt hat. Dazu gibt es ein sehr gutes Buch: Die Bibel. Lies das Neue Testament gründlich durch, schnapp dir ein Bibellexikon oder eines der vielen Bücher, die bereits über Jesus existieren, wenn du mehr über ihn in seiner Göttlichkeit erfahren möchtest.

Das, was ich in diesem Kapitel hervorheben möchte, ist der Mensch Jesus. Ich halte es für sehr wichtig, dass wir beginnen, Jesus nicht nur als den Messias zu sehen, sondern auch als Menschen. Als den Juden, der er war. Unehelich in einem Stall irgendwo in der Pampa geboren. In ärmlichsten Verhältnissen.

Der Stall war wohl eher nicht gerade frisch gereinigt und renoviert worden. Wir sehen in der Weihnachtszeit häufig diese prachtvollen Krippen, die so aussehen, als wären sie frisch gebaut. Doch diese Form von Stall, in der Jesus geboren wurde, war wohl eher ein Verschlag. Eine notdürftige Hütte für die Tiere, die dort auf dem Feld geweidet haben.

Und wer schon einmal in einem Stall oder gar auf dem Feld in einem notdürftigen Verschlag war, der kann sich lebhaft vorstellen, wie es dort gestunken haben muss.

Als er wieder zurück in Jerusalem war, war er bereits einige Jahre alt. Denn die Familie musste vor Herodes flüchten und hatte sich einige Jahre in Ägypten aufgehalten. Erst, als Herodes gestorben war, sind sie nach Israel zurückgekehrt. Denn erst da war die Gefahr für Jesus vorübergehend vorbei.

Und dann? Dann hatte Josef vermutlich sehr viel zu arbeiten, um sein Geschäft als Zimmermann wieder aufzubauen. Jesus wurde im Handwerk des Zimmermanns unterwiesen und hat ganz normal gearbeitet. So wie jeder andere Mann auch.

Erst mit 30 Jahren begann die Zeit seines Wirkens.
Zusammengefasst hatte Jesus also schon so einiges hinter sich, als er in seinen Dienst, seine Berufung, hineingetreten ist:

- Er war ein uneheliches Kind
- Er wurde in ärmlichen Verhältnissen geboren
- Er war ein Flüchtling
- Er arbeitete im einfachen Handwerk bei seinem Ziehvater

Das sind bis in die heutige Zeit Stationen eines Lebens, aus denen man sich hart herauskämpfen muss.
Einzig der erste Punkt ist heute nicht mehr ganz so ein großes Problem. Oder doch?
Schauen wir uns die einzelnen Punkte und ihre Bedeutung für die heutige Zeit einmal näher an.

Er war ein uneheliches Kind
Zur damaligen Zeit war das ein sehr schwieriger Punkt. Maria war noch sehr jung, vermutlich 12 - 14 Jahre alt, als sie Josef für die Ehe versprochen wurde. Josef war schon deutlich älter und bereits einmal verheiratet gewesen.
Dann wird Maria schwanger, obwohl Josef sie nicht im ehelichen Sinne angerührt hatte. Das war für die Eltern eine nicht ganz so einfache Situation, denn Josef hatte die Aufgabe, Maria nicht zu verstoßen, sondern bei ihr zu bleiben und Jesus aufzuziehen.
Heute ist es in der Gesellschaft nicht mehr so wichtig, ob ein Kind ehelich oder unehelich zur Welt kommt. Schauen wir uns allerdings

einmal in den christlichen Gemeinden um, dann sieht das Ganze schon wieder etwas anders aus. Denn die Kirche, zumindest die Menschen, die ihren Glauben ernst nehmen, legen nach wie vor sehr viel Wert darauf, dass die christliche Reihenfolge eingehalten wird.

Und das ist auch gut so, denn außerehelicher Sex hat nicht nur die Folge einer eventuell unerwünschten Schwangerschaft, sondern auch emotionale Folgen, die nicht zu unterschätzen sind.

Auch in unserer heutigen, teils sehr toleranten Welt, werden Frauen nach wie vor ausgegrenzt, wenn sie uneheliche Kinder zur Welt bringen oder vor der Hochzeit schwanger werden.

Und leider sind es oft die Kinder, die dieses Unverständnis der Kirche zu spüren bekommen.

Er wurde in ärmlichen Verhältnissen geboren
Jesus kam in einem Stall irgendwo auf einem Feld zur Welt. Extrem ärmliche Verhältnisse. Und normalerweise hätte er wohl kaum eine Chance gehabt, später einmal eine gute Bildung zu erhalten, um Pharisäer zu werden.

Auch heute noch haben es Kinder aus armen Familien deutlich schwerer. Viele schaffen es nicht, über die Grenzen ihrer Familien hinweg einen anderen Weg einzuschlagen, als den, den sie vorgelebt bekommen. Kindern aus armen Elternhäusern werden häufig viele Möglichkeiten vorenthalten, weil die Eltern sich den Standard, der nötig wäre, um eine gewisse Bildung zu erhalten, nicht leisten können.

Noch heute ist es so, dass intelligente Kinder nicht ausreichend unterstützt werden und später vielleicht nicht studieren können, weil entweder der Rückhalt der Eltern fehlt oder die nötigen finanziellen Mittel nicht vorhanden sind, um das Kind während des Studiums zu unterstützen.

Auch damals war es eher üblich, dass Kinder von hochrangigen Eltern in den Genuss einer entsprechenden Ausbildung kamen. Daran hat sich bis heute leider nichts geändert. Und somit ist die soziale Herkunft leider bis heute ein Grund, der es Menschen sehr schwer oder eben auch leicht macht, sich zu etablieren.

Er war ein Flüchtling
Über das Thema Flüchtling haben wir bereits bei Rut gesprochen. Rut kam als Fremde in eine völlig neue Kultur. Und auch Jesus hat die ersten Jahre als Flüchtlingskind in einem fremden Land verbracht. Er wurde als kleines Kind täglich mit den Gepflogenheiten der Ägypter konfrontiert. Während seine Eltern, Josef und Maria, sicher alles getan haben, was ihnen möglich war, um Jesus in jüdischer Tradition zu erziehen.

Später, als die Familie nach Nazareth zurückgekehrt war, musste er sich in der für ihn nun ungewohnten Umgebung zurechtfinden und einleben.

Bist du schon einmal in einer anderen Kultur gewesen? Wenn man dort Urlaub macht, ist es relativ einfach. Denn dann bist du ja nur eine begrenzte Zeit dort, die für dich absehbar ist. Aber wie ist es mit einem völlig neuen Leben? Du musst dazu nicht in ein fremdes Land gehen. Bei uns in Deutschland kannst du schon einen Kulturschock erleben, wenn du von einem Bundesland ins andere ziehst.
Du versuchst, deine Traditionen beizubehalten und musst dich vielleicht für das ein oder andere ständig rechtfertigen.
Irgendwann hast du dich an die Andersartigkeit gewöhnt. Und wenn du wieder zurück in deine Heimat gehst, erlebst du wieder einen Kulturschock und musst dich wieder neu einleben.

Jesus ging es vermutlich ähnlich. Sicher waren seine Eltern froh, als sie endlich zurück in ihrer Heimat waren und sie vorerst friedlich leben konnten. Dennoch hatten sie einiges vor sich. Sie mussten sich wieder an die Kultur gewöhnen, Josef musste seinen Handwerksbetrieb neu aufbauen und für Jesus war es ohnehin eine völlig neue Welt.

Er arbeitete in einem einfachen Handwerk
Jesus hat als Zimmermann gearbeitet. Ein tolles Handwerk, das bereits zu Jesu Zeiten schon ein unheimlich wichtiges Standbein war. Und doch war er kein Schriftgelehrter, kein Pharisäer oder gar in irgendeiner Form aus einem Königshaus. Jesus war Handwerker. Er hat

von früh bis spät mit seinen Händen schwer gearbeitet, um seinen Lebensunterhalt zu verdienen.

Sicher war sein Beruf besser angesehen, als zum Beispiel der des Zöllners. Trotzdem war es immer noch nur ein Handwerksberuf.

Auch in der heutigen Zeit erleben wir noch, dass das Handwerk als zu gering angesehen wird. Viel geringer als diese wertvollen Berufe es verdient haben.

Doch wenn du heute „nur" einen einfacheren Schulabschluss hast und danach eine Handwerkslehre beginnst, bist du automatisch im Ansehen niedriger eingestuft als jemand mit Abitur und einem akademischen Beruf.

Jesus hatte also durchaus, aus heutiger Sicht, Schwachstellen Doch diese Schwachstellen haben nichts mit seinem Charakter gemacht. Diese Schwachstellen waren nur auf Äußerlichkeiten bezogen. Das Interessante an Jesus ist, dass er trotz der schwierigen menschlichen Verhältnisse ein großartiger Lehrer war. Jesus war durch und durch Jude und hat auch bis zu seinem Tod an den Traditionen des Judentums festgehalten. Er feierte das Passahfest mit seinen Jüngern und kam für diese Feierlichkeiten nach Jerusalem.

Aus einem kleinen Kind, welches einst unehelich in einem stinkenden Verschlag auf einem Feld das Licht der Welt erblickt hat, als Flüchtling in einem fremden Land leben musste und im Handwerksbetrieb seines Ziehvaters gelebt hat, wurde der großartigste Lehrer aller Zeiten.

Wie kannst du das jetzt auf dich beziehen?

Jetzt bist du an der Reihe

Vielleicht ist es eine Herausforderung für dich, dass du jetzt mit Jesus erstmals auf einer Stufe stehst und dir überlegen darfst, was Jesu Leben mit deinem Leben gemein hat.

Die gute Nachricht ist: Du bist nicht geringer oder weniger wert, nur weil du ein echter Mensch bist. Jesus hatte einen Auftrag und den hat er erfüllt. Unabhängig von seiner Herkunft, seiner traditionellen Religion, seines Geburtsortes oder seines sozialen Standes.
Er hat unbeirrt seinen Weg verfolgt und den Auftrag, den Gott, der Herr, ihm gegeben hat, erfüllt. Ohne Jesus gäbe es bis heute eine Barriere zwischen Gott und dem Menschen.

Was das mit dir zu tun hat? Sehr viel! Denn auch du stehst vor Herausforderungen. Auch du hast vielleicht eine Vergangenheit hinter dir, die nicht unbedingt so aussieht, als ob du ein großer Lehrer werden könntest.
Am Beispiel Jesus kannst du sehen, dass dein sozialer Stand, deine Herkunft, dein Geburtsort oder auch dein Beruf völlig egal sind. Für Gott macht es keinen Unterschied, ob du aus einer reichen Akademikerfamilie kommst, die noch nie überlegen musste, welche Ausgaben wichtig sind und wo man besser einsparen muss, um ausreichend Geld für Lebensmittel zu haben, oder ob du jeden Cent fünfmal umdrehen musst, um irgendwie über die Runden zu kommen.
Für Gott ist es egal, ob du studierst oder ein Handwerk erlernst. ALLES ist wichtig. Jeder Beruf hat seine Daseinsberechtigung.
Der Koch in der Küche ist ebenso wichtig, wie diejenigen, die hinterher putzen. Ohne die Reinigungskräfte müsste der Koch noch länger arbeiten, da er dann alles alleine reinigen müsste.

Die Krankenschwestern sind nicht weniger wichtig wie der Arzt. Denn beide ergänzen sich in ihrem beruflichen Alltag.

Der Architekt kann zwar Häuser planen und weiß in der Theorie, worauf dabei geachtet werden muss. Aber eben nur in der Theorie. Für die Praxis und den eigentlichen Bau sind die Handwerker zuständig, die ein Haus bauen und bewohnbar machen.

Genauso ist es im Reich Gottes auch. Die Arbeiter im Reich Gottes ergänzen sich. Jeder Mensch hat aufgrund seiner sozialen Herkunft, seiner schulischen Laufbahn und seines Berufes Erfahrungen, die er einbringen kann. Während der Akademiker vielleicht umfassender denkt und erst einmal genau plant, bevor er etwas tut, weiß der Handwerker, wie die geplanten Ideen umgesetzt werden können.

Der Beruf, den du erlernt hast, oder in dem du arbeitest, spiegelt meistens in irgendeiner Form deine Persönlichkeit und vor allem deine Fähigkeiten wider. Du arbeitest im Gastgewerbe? Dann bist du vermutlich ein Mensch, der entweder sehr gut dekorieren kann (z.B. Teller schön anrichten) oder der durch seine offene menschenfreundliche Art gut auf andere zugehen kann.

Und genau das wird Gott in seinem Reich gebrauchen.

Jetzt kommen wir zu den Fragen, die du dir heute stellen darfst. Ich bitte dich in diesem Kapitel darum, dir einfach mal einen Überblick zu verschaffen, woher du kommst, was du gelernt hast, welchen Beruf du ausübst etc. Hierbei können dich die folgenden Fragen anleiten. Du darfst aber selbstverständlich auch umfassend ergänzen, wenn du es für wichtig erachtest:

- Wo bist du geboren? (Land, Stadt, Bundesland…)
- Zu welchem sozialen Umfeld gehörte deine Herkunftsfamilie?
- Lebst du immer noch da, wo du aufgewachsen bist, oder wurdest du zwischenzeitlich mit einer anderen Kultur konfrontiert?
- Welche Schulbildung hast du?
- Welchen Beruf hast du erlernt und welchen Beruf übst du aus?

Das waren für heute meine Fragen an dich. Die Antworten, die du dir aufgeschrieben hast, brauchst du noch im nächsten und letzten Kapitel.

Notizen

Und was ist deine Ausrede? – DU

Das letzte Kapitel ist etwas anders aufgebaut als die Vorherigen. Denn diesmal geht es in erster Linie um dich. Und genau deshalb beinhaltet dieses Kapitel sehr viel Schreibarbeit für dich.
Zu Beginn des Buches hast du dir in dein Notizbuch einiges zu deinem aktuellen Stand notiert. Du erinnerst dich? Wenn nicht, dann geh mal zum ersten Kapitel zurück und sieh dir die zugehörigen Notizen an, damit du wieder alles auf dem Schirm hast.

Und dann darfst du zuerst einmal den Steckbrief ausfüllen.

Steckbrief
Name:
Geboren:
Wohnort:
Eltern:
Geschwister:

Wer bin ich?
In den vorherigen Kapiteln hatten wir an dieser Stelle immer eine kleine Beschreibung stehen, wer die Person, von der das Kapitel gehandelt hat, war.
Ich bitte dich, dass du dir einmal Gedanken darüber machst, wie du dich selbst beschreiben würdest. Welche Vergangenheit hast du? Woher kommst du, was macht deine Ursprungsfamilie zu genau dieser Familie, die sie ist? Du darfst hier gerne eine Art kleinen Lebenslauf aufschreiben und die Stationen aus deinem Leben notieren, die für dich wichtig sind.

Welche Schwächen habe ich?

Diese Frage scheint zunächst etwas fies. Doch die Beantwortung ist sehr wichtig. Denn deine Schwächen können durchaus auch Stärken sein. Oder aber tatsächlich dafür verantwortlich, dass du nicht vorankommst. Mit diesen Schwächen meine ich allerdings nicht Charaktereigenschaften wie: faul, schüchtern oder ähnliches.

Trau dich hier ruhig, tiefgreifende Charaktereigenschaften zu notieren. Denk an die acht Persönlichkeiten aus den letzten Kapiteln. Welche Schwäche hatte Abraham? Warum wollte Mose zuerst nicht dem Ruf Gottes folgen und was trieb Jona dazu, vor Gottes Ruf davonzulaufen?

Es ist wichtig, dass du herausfilterst, welche Schwächen dich tatsächlich vom Weitergehen abhalten.

Ich zum Beispiel bin ein extrem ehrgeiziger Mensch. Ich möchte immer alles so perfekt wie möglich machen und kann Fehler nur sehr schwer akzeptieren. Mit den Jahren habe ich aber gelernt, diese Schwäche als solche zu akzeptieren und kann jetzt zulassen, dass meine Geschwister im Herrn mich formen, indem sie mich auf meine Fehler hinweisen dürfen und ich diese annehmen und daran arbeiten kann.

Doch genau dieser Ehrgeiz war maßgeblich mit daran beteiligt, dass ich mich so lange dagegen gewehrt hatte, meine Berufung anzunehmen und mich von Gott führen zu lassen. Immer wieder habe ich gegen die Angst angekämpft, nicht gut genug zu sein, Fehler zu machen, die anderen Menschen auffallen könnten, oder schlichtweg zu versagen.

Jetzt darfst du dich austoben und alles aufschreiben, was dir zu deinen Schwächen einfällt.

Deine Stärken

Nachdem du jetzt weißt, wo deine Schwächen liegen, widmen wir uns deinen Stärken. Ja, die hast du! Auch, wenn du sie vielleicht auf den ersten Blick nicht direkt siehst. Nehmen wir noch einmal Abraham als Beispiel. Bei Abraham haben wir festgestellt, dass er einen Dickschädel hatte. Abraham hat mehrfach versucht, seinen eigenen Kopf durchzusetzen, als ihm Gottes Verheißung nicht schnell genug in Erfüllung ging.

Genau den gleichen Dickschädel hat er aber ebenso an den Tag gelegt, wenn es um das Vertrauen auf Gott ging. Abraham wusste, dass er sich auf Gottes Zusagen verlassen konnte. Und er wusste ebenso, dass Gott immer einen Grund hatte, warum er bestimmte Dinge von Abraham verlangte. Als Gott ihm mitteilte, dass Abraham seinen langersehnten Sohn, Isaak, opfern sollte, hat Abraham seinen Dickschädel durchgesetzt und ist mit Isaak losgezogen. Ich vermute mal, dass Sarah von dieser Idee erst einmal nicht gerade begeistert war und vielleicht auch versucht hat, Abraham das Opfer auszureden.

Und genau dieses Vertrauen und das Durchsetzungsvermögen Abrahams haben am Ende dafür gesorgt, dass Gott wirken konnte.

Wie können deine Schwächen und Stärken ein Segen werden? Vermutlich eine nicht ganz so einfache Frage. Du hast dir soeben notiert, welche Schwächen und welche Stärken du hast. Jetzt geht es darum, dass du dir darüber bewusst wirst, wie du beides im Reich Gottes einsetzen kannst. Und zwar so, dass andere Menschen dadurch gesegnet werden.

Eine meiner größten Schwächen ist mein Perfektionismus. Das ist mir schon oft im Weg gestanden, weil ich mir nicht vorstellen konnte, dass andere Menschen vielleicht ganz andere Ansprüche haben und von mir gar nicht erwarten, dass ich eine perfekte Arbeit abliefere. Seit ich das erkannt habe und mich traue, meine Fähigkeiten auch zu nutzen, kann ich unserer Gemeinde ganz anders dienen. Ich schreibe gerne und beherrsche den Umgang mit einem Satzprogramm. Warum also nicht den Gemeindebrief gestalten? Kurzerhand habe ich das übernommen und kann somit mit meinen

Fähigkeiten Menschen dienen.

Ich schreibe Bücher. Ich liebe es, zu schreiben. Das ist meine größte Leidenschaft. Doch viel zu lange habe ich mich davor gedrückt, endlich mal damit loszulegen. Warum? Weil ich von mir selbst erwartet habe, dass die Bücher perfekt werden.

Das sind sie sicher immer noch nicht. Für den Feinschliff habe ich aber eine Lektorin, die meine Texte noch einmal durchgeht und auf Fehler überprüft. Und wem eines meiner Bücher trotzdem nicht zusagt, der hat für sich eine Entscheidung getroffen. Während ich früher der Meinung war, dass ein Buch nur dann gut sei, wenn es ein Bestseller ist, bin ich heute davon überzeugt, dass ein Buch immer dann gelungen ist, wenn auch nur eine einzige Person davon profitieren kann. Dann schon hat sich der Aufwand gelohnt.

Genauso ist das mit dir und deinen Schwächen. Überlege dir bitte ganz genau, wie deine Schwäche zum Segen für andere Menschen werden kann.

Und dann nimm deine Stärken. Damit fällt es meistens leichter. Denn die Stärken sind ja ohnehin eine positive Charaktereigenschaft. Oder eine Fähigkeit, die nicht jeder hat.

Doch wie genau kannst du damit im Reich Gottes dienen? Schreib das bitte so detailliert wie möglich auf. Wenn du gut mit Kindern umgehen kannst, aber noch nicht im Kinderdienst mitarbeitest, dann notiere dir das ruhig einmal. Schreibe auf, in welcher Kindergruppe du dich wohlfühlen würdest und wie du den Kindern dort zum Segen werden kannst.

Das Gleiche gilt natürlich für alle anderen Möglichkeiten im Reich Gottes. Egal, ob du gerne schreibst, gut zeichnen kannst oder ein Dekorationswunder bist. Schreibe einfach auf, was dir einfällt und womit du dich wohlfühlst.

Deine Ausrede

Du erinnerst dich? In dem Buch geht es ganz spezifisch um deine Ausrede. Und die möchte ich jetzt noch einmal aufgreifen.

Im ersten Kapitel solltest du dir notieren, welche Ausrede zu dir passt. Schreibe sie hier an dieser Stelle noch einmal auf. Vielleicht hat dir das Buch sogar schon so viel gebracht, dass du beim erneuten Aufschreiben deiner Ausrede feststellst, dass das gar keine Ausrede mehr ist. Wenn du es immer noch so siehst, wie zu Beginn des Buches, macht das aber auch nichts. Dann gibt es sicher noch etwas, woran du weiter arbeiten sollst, bevor du endgültig in deine Berufung kommen kannst.

Wenn du nun deine Ausrede aufgeschrieben hast, überlege dir noch einmal, wie deine Stärken und Schwächen zu deiner Ausrede passen. Erinnerst du dich an Mose? Er selbst konnte zwar nicht besonders gut reden, dafür wusste er aber, wie er sich am Hof des Pharaos zu verhalten hatte und wie er dort sprechen musste, damit das, was er zu sagen hatte, Wirkung zeigte. Mose hatte durch die Jahre am Hof des Pharaos keine Angst mehr vor ihm. Er wusste, dass auch die Ägypter nur Menschen waren und keine Halbgötter.

Deine Berufung

Und jetzt kommen wir noch einmal zum wichtigsten Teil dieses Buches: **Deine Berufung!**

Vermutlich kennst du deine Berufung ja sehr genau, hast dich jedoch bisher hinter deiner Ausrede versteckt. Wenn du dir jetzt noch einmal deine Berufung so genau wie möglich aufschreibst: Wie geht es dir damit? Wie fühlt es sich an? Hast du immer noch Angst loszugehen und im Reich Gottes zu dienen? Oder hat sich deine Ausrede zwischenzeitlich in Luft aufgelöst, weil du verstanden hast, dass es nichts gibt, was dich davon abhalten sollte, in deine Berufung zu kommen? Welche Gedanken hast du, wenn du an deine Berufung denkst?

Wir sind am Ende

Ok, nicht am Ende im Sinne von fertig. Oder doch? Also, zumindest sind wir mit diesem Buch fertig. Ich hoffe jetzt mal nicht, dass du mental fertig bist. Denn dann wäre hier irgendetwas schief gelaufen. Du darfst allerdings durchaus nachdenklich sein. Das ist sogar erwünscht. Schließlich möchtest du ja, dass sich in deinem Leben etwas ändert und du deine bisherige Ausrede ad acta legen und endlich loslegen kannst.

Die gute Nachricht ist: Gott hält seine Hand über dir und wenn er jemanden für einen bestimmten Dienst in seinem Reich berufen hat, dann lässt er nicht locker. Auch bei dir nicht!

Wenn du noch Fragen hast oder weitere Unterstützung benötigst, um in deinem Glaubensleben weiterzukommen, darfst du dich gerne auch persönlich bei mir melden. Du hast die Möglichkeit, an einer meiner Mastermind-Gruppen teilzunehmen, zu Workshops zu kommen oder ins Einzelcoaching zu gehen.

Außerdem wird es ab Juli 2020 einen Online-Kurs zum Selbstlernen zu diesem Thema geben. Vorbestellungen sind bereits möglich.

Schau dich einfach auf der Homepage www.positivdenker.myspirit-design.net um und schreibe mich direkt an, wenn du weiter in Kontakt mit mir kommen möchtest.

Über die Autorin

Persönliches:
Melanie Stadelbauer, drei Kinder, verheiratet
Geistliches Zuhause: LKG-Treuchtlingen

Mein Ausbildung:
Familienberaterin seit 2008
Aktuell: Theologiestudium

Meine Vision:
Ich helfe Menschen, die Fesseln der Vergangenheit zu lösen und in ihre Berufung einzutreten. In Form von Workshops, Einzelberatung und über Bücher.
Im Juli 2020 erscheint der erste Online-Selbstlernkurs auf www.switsch.info.

Der Psalter - Was wir von David & Co. lernen können

Der Psalter ist nicht einfach nur eine Sammlung wertvoller Lieder und Gedichte. Hinter den Zeilen von David und seinen Mitautoren steckt so viel mehr.

Das Buch „Der Psalter" gibt eine kurze Einführung in die historischen Hintergründe und einen Einblick in das Leben des Hauptautoren. Immerhin stammen nahezu 80 Psalmen aus Davids Feder. Viele dieser Lieder und Gedichte hat David in Zeiten geschrieben, in denen er Verfolgung ausgesetzt war. Und obwohl er vermutlich viel Zeit damit verbracht hat, sich in den Bergen vor seinen Feinden zu verstecken, hat er eines nie vergessen: Dass Gott immer bei ihm ist und für ihn in den Kampf geht.

Neben einer Einführung in den Psalter bietet diese Buch umfangreiche Einblicke in die Psalmen.

ISBN: 978-3-7497-9555-0

Erscheint voraussichtlich im Januar 2021

Endlich frei! Wenn Ketten reißen

Wenn die Ketten reißen, ändert sich unser Leben. Endlich frei! Und dann? Du stehst vor dem Spiegel und kennst die Person, die dich anblickt, nicht. Wer bist du eigentlich? Was für ein Mensch steckt hinter der Fassade? Welche Wunden versuchst du zu verstecken? Welcher Teil deiner Vergangenheit hat dafür gesorgt, dass du heute so bist wie du bist? Und was kannst du tun, um die Bereiche deines Lebens anzupacken, die sich verändern müssen?

Häufig sind das gar keine großen Dinge, die passiert sind. Manchmal waren es nur unbedachte Worte eines uns nahestehenden Menschen die uns so sehr verletzt haben, dass wir noch Jahre später mit den Folgen kämpfen. Oft sogar unbewusst. Manchmal ist es schwieriger, weil stark schmerzende Wunden unser Leben bestimmen.

Das Buch erklärt in fünf Schritten, wie du deine Vergangenheit hinter dir lassen kannst um in die Freiheit zu treten und warum Vergebung so wichtig ist!

Ich möchte dich auf eine Reise mitnehmen. Eine Reise zu dir selbst. Die Reise zu den Ursachen deiner Verletzungen, die dein heutiges ICH immer noch steuern.

Nimmst du die Herausforderung an?

ISBN: 978-3-347-01791-7

Emotionaler Missbrauch - Wenn die Seele schreit

25 Jahre meines Lebens waren geprägt von Missbrauch. Körperlicher Missbrauch, sexueller Missbrauch, emotionaler Missbrauch. Am Schlimmsten war für mich allerdings der Missbrauch innerhalb der Kirche. Dort, wo ich Hilfe und Heilung erwartet hatte, erlebte ich den größten Schmerz.

Ablehnung, Verachtung und Unterdrückung.

Als ich meinen Mann kennengelernt habe, wusste ich selbst nicht mehr, wer ich war.

Ich hatte keine Werte mehr, kein Selbstwertgefühl und kein Vertrauen in mich und meine Fähigkeiten. Ich war fest davon überzeugt, dass ich zu nichts fähig war. Und vor allem davon, dass ich es nicht wert war, geliebt zu werden.

Dieses Buch ist der zweite Teil der Supermama-Reihe und erzählt, wie ich zu der Frau wurde, die ich heute bin. Eine Frau, die nach vorne schaut und Ihren Weg mit Gott geht.

Ich möchte mit diesem Buch Menschen dazu ermutigen, über ihren Schatten zu springen und auf Gottes Führung in ihrem Leben zu vertrauen.

Denn es ist egal, was du erlebt hast. Es ist egal, wie schwer deine Vergangenheit war. Es ist egal, welcher Art von Misshandlungen Du in deinem Leben ausgesetzt warst oder vielleicht noch bist.

Gott weiß, wo du dich versteckst! Und er hat einen Weg parat, dir aus dem Schatten deiner Vergangenheit herauszuhelfen, dich zu heilen und zu einem Segen für andere Menschen zu machen!

Du musst ihm nur die Türe öffnen!

ISBN: 978-3-7497-1222-9

Die Suche nach der Supermama

Melanie Stadelbauer lebt im Herzen Mittelfrankens, ist verheiratet und hat 3 Kinder.

Das Buch „Die Suche nach der Supermama" ist der Auftakt einer Buchreihe, in der sie erzählt, wie sich ihr Leben verändert hat, nachdem sie es geschafft hatte, aus ihrer gewohnten Komfortzone auszubrechen und den Menschen um sich herum einen Vertrauensvorschuss zu geben.

Ein großer Teil ihres Lebens war von Missbrauch geprägt, was ihr Vertrauen zu Gott und den Menschen nahezu völlig zerstört hatte.

Jahrzehntelanges Schweigen hatten sie innerlich beinahe aufgefressen. Erst, als sie sich dazu entschlossen hatte, den Menschen um sich herum einen Vertrauensvorschuss zu geben und aus ihrem gewohnten Schneckenhaus auszubrechen, begann sie endlich, richtig zu leben.

Doch damit sie überhaupt erst an diesen Punkt kommen konnte, war es notwendig, dass ihr Mann lernte, sie loszulassen und auf Gottes Führung zu vertrauen.

Der erste Band „Die Suche nach der Supermama" erzählt von einem inneren Kampf, das Leben, mitsamt Haushalt und Kinder, endlich so in den Griff zu bekommen, dass sie noch genügend Zeit für sich selbst hatte.

Es gibt einen Einblick in das Leben der Autorin und zeigt, wie wichtig es ist, Gott im eigenen Leben einen Platz zu geben und ihm die Führung zu überlassen.

ISBN: 978-3-7497-0049-3